Irene Wirth

Kochen lernen in der Schule

Einfache Rezepte für den Hauswirtschaftsunterricht

Kopiervorlagen

BRIGG VERLAG

Über die Autorin:
Sie absolvierte eine Ausbildung in Hauswirtschaft und zur Erzieherin. Viele Jahre war sie in Kindergärten und Förderzentren für sprach- und verhaltensauffällige sowie für hörgeschädigte und lernbehinderte Kinder tätig.

Gedruckt auf umweltbewusst gefertigtem, chlorfrei gebleichtem
und alterungsbeständigem Papier.

1. Auflage 2021

Illustrationen: Ulrike Zahner
Satz: Regina Büchler, Augsburg

ISBN 978-3-95660-**414**-0 www.brigg-verlag.de

Inhalt

Vorwort an die Lehrerinnen und Lehrer

Zum Sozialverhalten

Wenn wir mit Kindern zusammen kochen, befinden wir uns alle auf einer Ebene. Wir machen Teamarbeit. Wir beziehen die Kinder in die Arbeitswelt der Erwachsenen mit ein. Sie erleben, wie etwas hergestellt wird, das man sehen, zeigen, essen kann und das etwas wert ist. Beim Kochen ergeben sich oft gute Gespräche, auch und gerade über Probleme, die schon längst einmal diskutiert werden sollten.

Beim Vorbereiten und Kochen beobachten die Kinder vielerlei: Veränderungen an Farbe, Aussehen, Form, Geschmack, Geruch. Sie lernen warten und abwarten, bis die Schnitzel gebraten, die Kartoffeln gar und die Brötchen gebacken sind. Abwarten können und Geduld haben sind wichtige Voraussetzungen für das Gelingen eines Essens. Beim Tischdecken üben die Kinder das Abzählen des Geschirrs und des Bestecks. Außerdem wird das Raumlage-Denken (rechts – links – oben – unten) geschult.

Von Tischsitten und -ordnung ist oft die Rede. Das fängt z. B. mit dem Abwarten an, bis sich alle von den Speisen genommen haben, und setzt sich in vielen weiteren Details fort. Das sind zwar nur Kleinigkeiten, aber sie prägen entscheidend Verhalten und Denken. Am Familientisch erleben die Kinder, dass jeder Mensch auch verschiedene Bedürfnisse hat und darauf Rücksicht genommen werden muss, z. B.: Das kleine Geschwisterchen braucht noch Breikost, der Erstklässler mit Zahnlücken kann schlecht vom Apfel abbeißen und die Großmutter hat vielleicht Magenschmerzen.

Kein Fest ohne Festessen! Es müssen aber nicht immer die großen Ereignisse sein; ein Geburtstag, ein Grillabend, ein Besuch von Verwandten oder Freunden sind bereits Anlass genug, ein schmackhaftes Mahl zuzubereiten.

Zur Handmotorik

Eine Vielzahl verschiedenster handmotorischer Tätigkeiten sind in diese Rezepte integriert. Jede Tätigkeit erfordert ein anderes Empfinden, beansprucht andere Muskeln. Beim Schneiden z. B. werden unterschiedliche Erfahrungen bezüglich der Beschaffenheit des Lebensmittels und des Krafteinsatzes gemacht.

Nach einem längeren Zeitraum und ein bisschen Übung wird die Handmotorik der Kinder verbessert, die Hände und Finger werden geschickter und die Kinder bekommen mehr Kraft und Gespür.

Irene Wirth: Kochen lernen in der Schule · Best.-Nr. 414

Zur Sinneswahrnehmung

Nach unseren Erfahrungen gibt es wenige Bereiche, bei denen ähnlich viele Sinne gleichzeitig gebraucht werden wie beim Kochen. Es sind vor allem die Sinne, die sonst kaum beansprucht werden. Bei vielen Rezepten sind extra Hinweise angegeben, welche Sinne vorzugsweise angesprochen sind.

Kochen mit Kindern, die an ADS (= Aufmerksamkeitsdefizit-syndrom) leiden

Es ist erstaunlich, dass Kinder, die sehr unruhig sind und sich schlecht konzentrieren können, beim Kochen und Backen gerne mithelfen, mitarbeiten, über einen längeren Zeitraum hin durchhalten und sich über Erfolge freuen können. Behutsam bestreichen sie Plätzchen, formen Klößchen, achten darauf, dass die Brote bunt belegt sind, der Nachtisch schön garniert und der Tisch hübsch gedeckt sind. Sie passen auf, dass die Fladen rund und die Waffeln nicht zu dunkel werden. Viele von ihnen haben einen ausgeprägten ästhetischen Sinn, der hierbei besonders angesprochen wird und sich entfalten kann. Viele dieser Kinder finden hier ein Gebiet, in dem sie ihre Fähigkeiten sinnvoll und erfolgreich einsetzen können.

Um Missverständnisse auszuschließen

Auffälligkeiten, Störungen oder Behinderungen bei Kindern müssen von Fachleuten diagnostiziert und therapiert werden. Kochen kann jedoch eine Hilfe sein. Über positive Ergebnisse diesbezüglich wird häufig von Eltern und in Fachkreisen berichtet.

An die Kinder

Das Kochen soll dir Spaß machen!
Wenn du dich unsicher fühlst, dann bitte einen Erwachsenen, mit dir zu kochen.

Kochen zu erlernen braucht Zeit!
Genauso viel Zeit wie das Erlernen einer Fremdsprache oder das Spielen eines Instruments.

Nach dem Kochen folgt das Genießen!
Freue dich, wenn es dir gut gelungen ist und es dir und den anderen schmeckt.

Über die Sinne

Stell dir vor, du kannst …
deine Eltern und das Haus, in dem du wohnst, nicht sehen! Aber auch keine Sonne, keinen Hund, keine Blume, keine Treppenstufen, keine Straße, keinen See!

Stell dir vor, du kannst …
nicht die Stimme deiner Mutter, keinen Vogel, keine Musik hören. Du verstehst nicht, wenn jemand sagt, dass morgen der Nikolaus kommt, oder wenn du zu einem Geburtstag eingeladen wirst!

Stell dir vor, du kannst …
keine Blüten, kein frisch gebackenes Brot, keine Bratwürste, kein Heu, keine Seife riechen! Aber auch keine Abgase und keine Giftstoffe!

Irene Wirth: Kochen lernen in der Schule · Best.-Nr. 414

Stell dir vor, du kannst ...
nichts schmecken! Kein Schokoladeneis, keine Spaghettisoße, keinen Erdbeerkuchen, kein Schnitzel! Aber auch keine schlecht gewordenen Lebensmittel!

Stell dir vor, du kannst ...
nichts spüren und nichts fühlen mit den Händen, dem Mund, der Zunge! Du hättest kein Gefühl, wenn du einen Teddy-Bär, einen Lego-Stein, eine Zeitung, ein Kissen, deine Wimpernhaare anfasst oder eine Katze streichelst. Du würdest auch nichts bei Verbrennungen oder Verletzungen spüren!

Die Sinne sind das Tor zu unserem Körper, unseren Mitmenschen und zu allem, was uns umgibt. Ohne Sinne wären wir sehr hilflos.

Über das Wissen

Wer viel weiß, sieht mehr, hört genauer hin, probiert aus, will mehr erfahren, fragt viel.
Habe den Mut, viel zu fragen. Wer Bescheid weiß, tut sich leichter, das wirst du auch beim Kochen merken.
Gute Fachbücher und Sendungen im Fernsehen helfen dir dein Wissen zu erweitern. Das Wichtigste ist aber, dass du aufmerksam beobachtest, staunst, fragst, lernst, neugierig bist und bleibst.

Deine Hände

Überlege einmal, was deine Hände beim Kochen alles tun. Es sind ganz verschiedene Tätigkeiten wie Schälen, Schneiden, Drehen, Rollen, Ausstechen und Abzupfen. Ist dir bewusst, dass beim Schneiden die eine Hand hält, während die andere sich bewegt?
Je mehr du mit deinen Händen arbeitest, desto beweglicher, geschickter und flinker werden sie. Du lernst auch gleichzeitig, wann und wo du mehr oder weniger Kraft brauchst, und bekommst mehr Gespür für die einzelnen Arbeitsschritte.

Von Augen und Händen

Deine Augen müssen immer die Handarbeit begleiten, nach rechts, links, oben und unten mitgehen, in die Nähe und Ferne schauen, Abstände und Farben erkennen und unserem Gehirn melden, ob z. B. die Plätzchen schon die richtige Farbe haben, sprich durchgebacken sind.

Denk- und Merkfähigkeit

Beim Kochen musst du an vieles denken und prägst dir deshalb vieles ein. Du planst und weißt, in welcher Reihenfolge was zu tun ist, wie Tomatensoße schmecken soll, wie viel Wasser du brauchst, wie du den Pfannkuchen wendest oder den schmutzigen Topf reinigst und was passiert, wenn du Salz mit Zucker verwechselst.

Konzentration

Vergisst du den Brei auf der heißen Herdplatte umzurühren, brennt er am Topfboden an. Lässt du die Eier zu lange kochen, werden sie hart. Kochen die Äpfel zu lange, zerfallen sie. Gibst du in die Suppe zu viel Salz, mag sie niemand essen.

Das Schönste und Wichtigste

... ist natürlich das Essen. Es soll für alle, die mitessen, schön und ein Höhepunkt des Tagesablaufs sein. Das gibt allen Beteiligten das Gefühl, dass man zusammengehört, füreinander da ist und Zeit hat. Hier wird erzählt, sich mitgeteilt, zugehört und Anteil genommen an dem, was der andere macht.

Merkst du, wie häufig das Wort „teilen" darin vorkommt?

„Teilen" heißt nicht nur, dass man etwas gibt, sondern dass man auch etwas bekommt.

Das gemeinsame Mahl nimmt in der Familie eine besondere Stellung ein, ihm kommt eine große Bedeutung zu.

Wenn du jemanden zum Essen einlädst, hast du gleich noch mehr Spaß daran. Sei dir bewusst, dass deine Mithilfe beim Kochen ein wichtiger Beitrag für die Familie, Gruppe oder Klasse ist.

Ärmel hochkrempeln,
Hände mit Seife waschen,
bürsten und abtrocknen,
Kochschürze umbinden!

Und nun geht´s los!

Brotaufstriche

Kräuterbutter

Eieraufstrich

Tomatenaufstrich

Bunter Aufstrich

Frischkäse-Kugeln

Schinkenquark

Brotecken

Bunt belegte Brötchen

Geburtstagsaufstrich

Honigbutter

Rhabarbermarmelade mit Bananen

Aprikosenkonfitüre mit Zitronenmelisse

Pikante und süße Brotaufstriche für Brot, Brötchen, Baguettes, Fladenbrot und Hefezopf

Kräuterbutter

Das wird gebraucht:	So wird´s gemacht:
2 Zweige Petersilie 2 Zweige Dill 2 Blätter Sauerampfer 2 kleine Zweige Zitronenmelisse etwas Kerbel	Stiele entfernen, frische Kräuterblätter fein schneiden
250 g weiche Butter	glatt rühren
3-4 Tropfen Zitronensaft 1 Messerspitze Salz 1 Messerspitze Kräutersalz 1 Messerspitze weißer Pfeffer	unter die Butter rühren, Kräuter dazurühren
	abschmecken, kühl stellen

Wenn du keine frischen Kräuter hast, kannst du auch tiefgekühlte Kräutermischungen kaufen und verwenden.

Kannst du die Butter fast lautlos rühren?
Und dann rühre schnell und laut.
Rieche an den einzelnen Kräutern.
Welcher Geruch gefällt dir am besten?
Befühle mit den Fingern jedes Kräuterblatt.
Welche Unterschiede gibt es?

Kräuterbutter ist ein schmackhafter Brotaufstrich. Im Kühlschrank hält sie sich einige Tage.

Eieraufstrich

Das wird gebraucht:	So wird´s gemacht:
4 Eier	hart kochen (8-10 Minuten), abkühlen lassen, abpellen, in Würfel schneiden
1 kleine Zwiebel 150 g weiche Butter ½ Teelöffel Salz 1 Messerspitze weißer Pfeffer 1 Esslöffel Crème fraîche	würfeln glatt rühren alle Zutaten in eine Schüssel geben und mit dem Mixstab pürieren
Schnittlauch	fein schneiden
2-3 Radieschen	in Scheiben schneiden
	den Aufstrich mit Schnittlauch und Radieschen garnieren
<u>Eieraufstrich sofort essen und nicht aufheben!</u>	kühl stellen

Klopfe das hart gekochte Ei an die Stirn, auf den Handrücken, in den Handteller und auf die Tischplatte. Wo ist das Klopfgeräusch am leisesten?
Nimm ein Stückchen Eierschale in die Hand und kratze damit über den Fingerballen.
Was spürst du?

Schau dir das feine Häutchen zwischen Schale und Eiweiß an. Der Eidotter ist nach dem Kochen fest und lässt sich herausnehmen. Wie schmecken das Eiweiß und der Eidotter?

Tomatenaufstrich

Das wird gebraucht:	So wird´s gemacht:
75 g weiche Butter	glatt rühren
½ Zwiebel	fein würfeln
75 g Fleischtomaten	würfeln
¼ Teelöffel Paprikapulver (edelsüß) 1 Messerspitze Pfeffer 1 Messerspitze Salz 1 Messerspitze Zucker	alle Zutaten mit dem Mixstab pürieren
10 Blätter Basilikum	fein hacken und unter den fertigen Aufstrich rühren
	1 Stunde kalt stellen

An die 4.000 Gerüche kann ein Mensch unterscheiden. Wer sich jedoch beruflich viel mit Riechen und Schmecken befasst, z. B. Weinexperten, kann bis zu 10.000 Gerüche feststellen.

Weißt du, dass wir mit der Zunge schmecken?
Vorne an der Zungenspitze schmecken wir süß und salzig.
Etwas weiter hinten an der Seite schmecken wir sauer und bitter.
Scharf empfinden wir hinten an der Zunge.
Lege auf deine Zungenspitze ein Zuckerstückchen. Es schmeckt süß!
Dann lege das Zuckerstückchen auf den hinteren Teil der Zunge.
Schmeckt es immer noch so süß?

Bunter Aufstrich

Das wird gebraucht:	So wird´s gemacht:
75 g weiche Butter	glatt rühren
¼ Teelöffel Paprikapulver (edelsüß) ½ Teelöffel Salz (knapp) ½ Tasse Sahne 500 g Magerquark	unter die Butter rühren
2 Gewürzgurken 1 rote Paprika ½ Glas Perlzwiebeln	fein würfeln
1 Bund Schnittlauch	fein schneiden
	Gemüse und Schnittlauch unterrühren
	von den Gemüsewürfeln etwas zurückbehalten, mischen und obendrauf streuen

Fasse die glatten, kleinen Perlzwiebeln an.
Rieche an ihnen, auch an der Gewürzgurke und Paprikaschote.
Riechen sie ähnlich oder verschieden?

Lass eine Perlzwiebel in ein leeres Glas fallen und dann ein Stückchen Gewürzgurke.
Bei welchem Gemüse ist das Geräusch lauter?

Findest du im Essen die Paprika-, Zwiebel- und Gurkenstückchen wieder?
Haben sie ihre Farbe beibehalten oder hat sich die Farbe verändert?

Frischkäse-Kugeln

Das wird gebraucht:	So wird´s gemacht:
300 g Doppelrahm-Frischkäse (sehr kalt)	zu gleich großen Kugeln formen
	du kannst sie weiß lassen oder wälzen in:
fein geschnittener Schnittlauch	Schnittlauch, dann sind sie grün
Paprikapulver (edelsüß)	Paprikapulver, dann sind sie rot
gehackte Walnüsse	Walnüssen, dann sind sie braun
Salatblätter	Salatblätter auf den Teller legen und die Kugeln darauf setzen

Frischkäse lässt sich gut zu Kugeln formen. Es ist wichtig, dass das, was man zubereitet, hübsch und appetitlich auf den Tisch kommt; denn „die Augen essen mit".

Beim Garnieren mit Gemüse, Obst und Küchenkräutern kannst du deine Fantasie voll einsetzen. Das macht Spaß! Lass dir viel Schönes dabei einfallen!

Über das, was man als selbstverständlich hinnimmt, macht man sich die wenigsten Gedanken, z. B. über das Wasser.

Unser Körper braucht es täglich, damit das Gehirn gut arbeiten und das Blut die Nährstoffe in die Zellen transportieren kann.

In vielen Ländern der Erde ist es knapp und die Menschen müssen oft weite Strecken zurücklegen, wenn sie es holen.
Wir sollten darauf achten, dass unser Wasser, unsere Quellen, Bäche, Flüsse, Seen und Meere sauber bleiben oder wieder sauber werden, denn gutes Wasser ist für uns alle lebensnotwendig.

Schinkenquark

Das wird gebraucht:	So wird´s gemacht:
500 g Sahnequark ½ Tasse Milch ½ Teelöffel Salz (knapp)	verrühren
2 Gewürzgurken 100 g roher Schinken	Zutaten fein würfeln
1 Bund Dill	fein schneiden
	Gurken, Dill und Schinken in die Quarkmasse rühren, etwas davon zurückbehalten und kreisförmig auf den Schinkenquark geben

Nimm den Dill und schüttle ihn kräftig.
Mache es noch einmal und schließe dabei die Augen. Hörst du das Geräusch?
Befühle die zarten Dillblätter. Wie schmeckt Dill?
Hast du Lust, die vielen kleinen Blättchen zu zählen, die an einem Zweiglein sind?

Brotecken

Das wird gebraucht:

12 Scheiben Vollkornbrot (viereckig)
300 g Doppelrahm-Frischkäse

1 Stück Salatgurke
1 Stück Zucchini
1 gelbe Paprika
1 rote Paprika
1 Fleischtomate

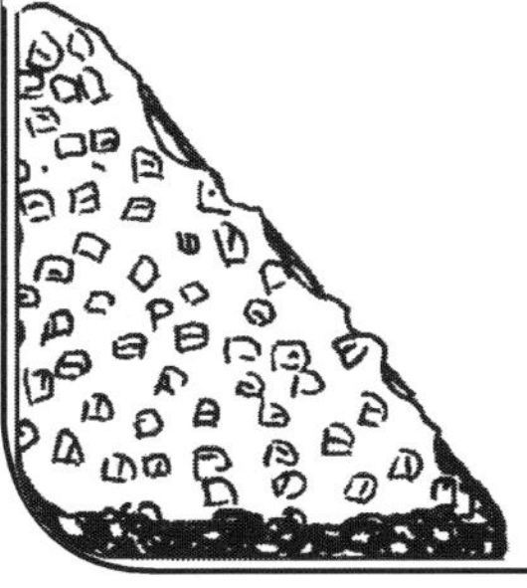

So wird´s gemacht:

die Brotscheiben mit dem Frischkäse bestreichen, diagonal durchschneiden, so, dass Dreiecke entstehen

jede Gemüseart extra würfeln und jeweils in einen Teller geben

die Brotecken mit der bestrichenen Käseseite in jeweils eine Gemüsesorte drücken, damit die Brotecken verschiedene Farben bekommen

auf einer Platte anrichten

Was schmeckst du im Mund am deutlichsten? Das Brot, den Frischkäse oder das Gemüse?
Was geschieht beim Schlucken?
Wozu brauchen wir den Speichel?
Was macht die Zunge beim Kauen und Schlucken?
Spürst du die Spucke im Mund?

Die Zunge ist mit etwa 9.000 Geschmacksknospen bedeckt. Sobald Nahrung in den Mund kommt, kannst du sie schmecken.

Bunt belegte Brötchen

Das wird gebraucht:

6-8 Brötchen

Butter

gewaschene Salatblätter

Wurst
Schinken
Käse
Eier (hart gekocht)
Gurke
Radieschen
Tomate
Paprika

So wird´s gemacht:

mit einem Messer halbieren

die Schnittflächen mit Butter bestreichen

auf die Brötchen legen

die Brote so belegen, dass sie bunt und appetitlich aussehen

Du bist jetzt ein Künstler, der die Brötchen in kleine Kunstwerke verzaubert.
Hast du schon mal etwas von Kochkunst gehört? Was stellst du dir darunter vor?

Geburtstagsaufstrich

Das wird gebraucht:	**So wird´s gemacht:**
100 g gemahlene Haselnüsse 50 g Kokosflocken ½ Tasse Milch 1 Becher Sahne 3 Esslöffel Kakao	alles zusammen verrühren
8 getrocknete Feigen	fein würfeln und unterrühren
Honig	den Aufstrich mit Honig süßen
Schokoladenstreusel	darüber streuen

Wissen

Die Kokosnuss wächst an der Kokospalme, vorwiegend in feuchtwarmen Gebieten des Äquators. Kokosflocken entstehen aus geraspeltem und getrocknetem Fruchtfleisch der Kokosnuss. Kokosnüsse werden zum Herstellen von Margarine und Bratfett (Kokosfett) sowie zur Seifenherstellung verwendet.

Gemahlene Haselnüsse sind leicht und flockig, fühlen sich wie Pulver an. Sicher hast du Haselnüsse schon am Strauch gesehen, auch als sie noch grün waren? Haselnusssträucher wachsen bei uns in Gärten, an Rainen und Waldrändern.

Tipp

Wenn du möchtest, kannst du noch eine Messerspitze Zimt darunter rühren.

Honigbutter

Das wird gebraucht:	**So wird´s gemacht:**
100 g weiche Butter 75 g weicher Honig ½ Teelöffel Zitronensaft	miteinander verrühren
2 Esslöffel Nüsse 2 Esslöffel Rosinen	fein hacken und darunter rühren

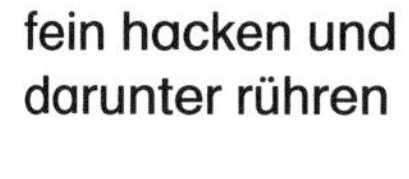

Wissen

Hast du schon einmal einen Bienenstand gesehen? Kennst du einen Imker (so heißt der Mann, der die Bienen züchtet)?
Er könnte dir sehr viel über das Bienenvolk erzählen, z. B. wie fleißig die Bienen den Nektar einsammeln und wie der Honig aus den Waben genommen und geschleudert wird. Aber sicher hast du schon von Blüten-, Wald-, Tannen-, Wiesen-, Akazien-, Löwenzahn-, Sonnenblumen-, Klee- und Lindenblütenhonig gehört. Was stellst du dir unter diesen Namen vor? Du kannst auch deine Lehrkraft fragen. Die kann dir bestimmt viel darüber berichten.

<u>Damit die wertvollen Nährstoffe im Honig erhalten bleiben, soll er nicht über 40 Grad erhitzt werden.</u>

Rhabarbermarmelade mit Bananen

Das wird gebraucht:	**So wird´s gemacht:**
1 kg Rhabarber (geputzt)	in 1 cm lange Stücke schneiden
200 g Bananen (ohne Schale)	in kleine Stücke schneiden
1 kg Gelierzucker 1:1	Rhabarber und Bananen in einen großen Topf geben, mit dem Gelierzucker vermischen, unter ständigem Umrühren aufkochen lassen (3 Minuten bei starker Hitze kochen)
	die heiße Marmelade in gereinigte Gläser füllen, Deckel zuschrauben, die Gläser 5 Minuten auf den Kopf stellen
	erkalten lassen

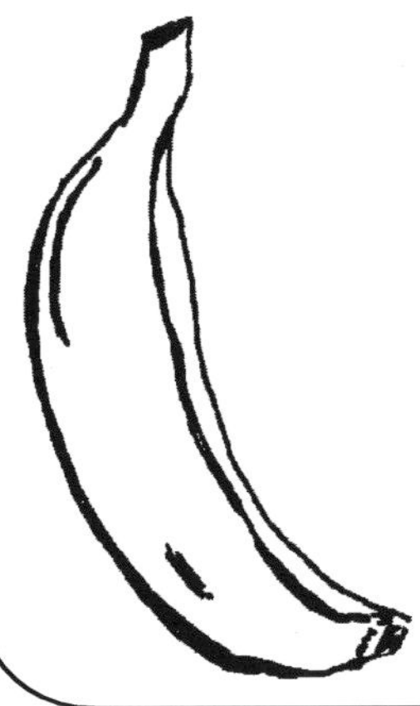

Der Rhabarber ist leicht säuerlich und wird beim Kochen schnell weich.
Die Bananen sind süß. Dadurch wird die Marmelade milder im Geschmack.

Die Heimat des Rhabarbers ist Nordwestchina, die Mongolei und Südostsibirien. Seit etwa 250 Jahren wird er auch bei uns angebaut.

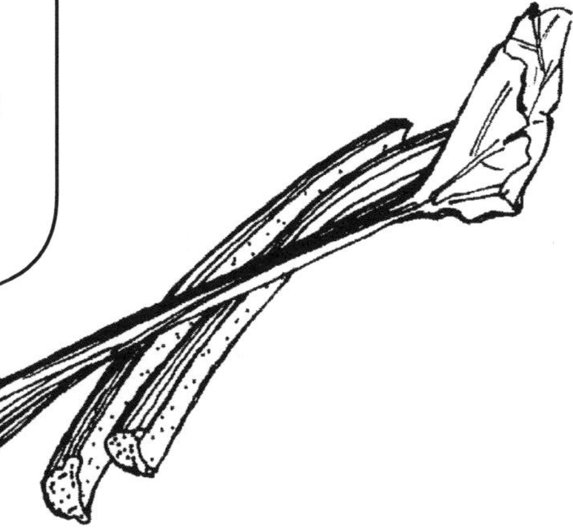

Aprikosenkonfitüre mit Zitronenmelisse

Das wird gebraucht:	**So wird´s gemacht:**
1200 g reife, entsteinte Aprikosen	klein würfeln
500 g Gelierzucker 2:1	untermischen
	Aprikosen mit dem Zucker aufkochen, ständig umrühren, 4 Minuten bei starker Hitze kochen lassen
2–3 Esslöffel gehackte Blätter Zitronenmelisse	Zitronenmelisse dazugeben, nochmals aufkochen lassen
	die Marmelade in gereinigte Gläser füllen, Deckel zuschrauben, Gläser 5 Minuten auf den Kopf stellen
	erkalten lassen

Hörst du es, wenn die Marmelade bei starker Hitze kocht oder wenn sie nur ein bisschen blubbert?
Fasse die Blätter der Zitronenmelisse an.
Sie sind etwas haarig. Zerreibe ein Blättchen zwischen den Fingern und rieche daran.
Wie sehen die Melisseblätter in der gekochten Konfitüre aus?

Salate

Salate für mittags und abends

Salate

Feiner Feldsalat

Ostersalat

Käse-Wurst-Salat

Nudelsalat

Möhrenrohkostsalat

Tomatensalat mit Walnüssen

Kartoffelsalat mit Gurke

Chinakohlsalat

Lauchsalat

Wurstsalat im Winter

Bunter Salat

Feiner Feldsalat

Das wird gebraucht:	So wird´s gemacht:
250 g Feldsalat	gründlich waschen, putzen
200 g Hartkäse 2 Birnen ½ Glas Perlzwiebeln	in kleine Würfel schneiden
1 Esslöffel süßer Senf 2 Esslöffel Sonnenblumenöl 1 Esslöffel Obstessig 1 Messerspitze weißer Pfeffer etwas Salz	Marinade anrühren, unter die anderen Zutaten rühren
	den Salat 15 Minuten ziehen lassen

Sieh dir die dunkle Farbe und die kleinen Büschel des Feldsalats an. Rieche daran. Befühle die Blätter. Lass ein Büschel auf die Tischplatte fallen.
Ist dabei etwas zu hören?
Was schmeckt dir vom Salat am besten?
Die Salatblätter, der Käse, die Birnen oder die Perlzwiebeln?

Feldsalat wurde früher nicht in Gärten angebaut. Er wuchs wild auf den Feldern und heißt deshalb „Feldsalat“.

Ostersalat

Das wird gebraucht:	So wird´s gemacht:
4 Eier (davon ein Ei zum Garnieren zurückbehalten)	8-10 Minuten kochen, abkühlen lassen, abpellen, würfeln
1 Bund Radieschen	waschen, Blätter und Wurzelenden abschneiden, Radieschen in dünne Scheiben schneiden
100 g roher Schinken	in Streifen schneiden
100 g Gouda Käse	in kleine Stücke schneiden
1 Hand voll Kresse	fein schneiden (etwas zurückbehalten)
1 Becher Joghurt 3 Esslöffel Crème fraîche 1-2 Esslöffel Essig etwas Salz	Marinade anrühren, unter die anderen Zutaten rühren
	den Salat etwa 1 Stunde ziehen lassen, mit restlichem Ei und Kresse garnieren

Welche Farben haben diese Nahrungsmittel?
Weshalb schneiden wir bei den Radieschen die Blätter und die Wurzelenden ab?
Die Kressepflänzchen haben ganz zarte Wurzeln. Nimm ein Pflänzchen in die Hand und betrachte die Blätter, den Stängel, die Wurzeln.

Wie hört es sich an, wenn du Kresse und Radieschen schneidest?

Käse-Wurst-Salat

Das wird gebraucht:	So wird´s gemacht:
200 g Emmentaler (oder Leerdamer Käse) 200 g Fleischwurst	in kurze Streifen schneiden
400 g Tomaten	in kleine Stücke schneiden
1 Bund Schnittlauch	fein schneiden
3 Esslöffel Weinessig 3 Esslöffel Sonnenblumenöl 1 Messerspitze Salz 1 Messerspitze Pfeffer	Marinade anrühren, unter alle Zutaten rühren 30 Minuten ziehen lassen

Kannst du bei geschlossenen Augen erraten, ob dir jemand ein Stückchen Käse oder ein Stückchen Wurst auf die Zunge gelegt hat?

Schau dir die Löcher im Käse an. Jedes Loch ist anders.
Lass den Essig langsam in die Schüssel laufen und dann das Öl. Was fällt dir auf?

Weißt du, dass man 100 Liter Frischmilch braucht, um 7 kg Hartkäse herzustellen?
Vielleicht ist es dir möglich, im Urlaub eine Käserei zu besichtigen.

Nudelsalat

Das wird gebraucht:	So wird´s gemacht:
250 g Nudeln (Vollkorn) 2-3 Liter Wasser 1 Teelöffel Öl 1 Teelöffel Salz	Nudeln in Wasser, Salz und Öl bissfest kochen, Wasser abgießen, Nudeln abkühlen lassen
1 rote Paprika 1 grüne Paprika ½ Salatgurke 1 Fleischtomate 1 kleine Zucchini	das Gemüse waschen, würfeln (zum Garnieren etwas zurückbehalten)
150 g Hartkäse	würfeln
1 Bund Petersilie	waschen, Blätter fein schneiden
1 Becher Joghurt 2 Esslöffel süße Sahne ½ Becher Sauerrahm ½ Teelöffel Salz 1 Teelöffel Zucker 3-5 Esslöffel Essig	Marinade anrühren, unter alle Zutaten rühren
(Menge reicht für 8-10 Kinder.)	Salat 1 Stunde ziehen lassen, mit Gemüse garnieren

Die Nudeln sind nach dem Kochen etwas größer, weich und glitschig. Vor dem Kochen sind sie hart und brechen leicht.
Wie schmeckt dir das Gemüse besser: roh oder angemacht im Salat?

Möhrenrohkostsalat

Das wird gebraucht:	So wird´s gemacht:
500 g Möhren	waschen, Haut abschälen
1 Stück Sellerieknolle	waschen, Wurzeln entfernen
1 Apfel	Kernhaus entfernen
	Möhren, Sellerie und Apfel grob reiben
3 Esslöffel Zitronensaft 4 Esslöffel süße Sahne 4 Esslöffel Joghurt 1 Esslöffel Sonnenblumenöl 1 Teelöffel Honig ½ Teelöffel Salz 2 Esslöffel Sonnenblumenkerne	alles zusammen mit Möhren, Sellerie und Apfel vermengen
½ Bund Petersilie	waschen, Blätter fein schneiden, als Häufchen obendrauf setzen

Beim Einkaufen darauf achten, dass Gemüse und Nahrungsmittel aus der Region kommen. Die Ware ist frischer und es sind keine langen und teuren Transporte nötig.

Frisches Gemüse enthält viele Nährstoffe, die vom Blut aufgenommen werden. Das Blut ist ständig in Bewegung und bringt die Nährstoffe überall hin, wo sie gebraucht werden, egal ob in die Haarwurzeln, in die kleine Zehe, Kniescheibe oder Nasenspitze.

Unser Blut ist Tag und Nacht am Fließen, selbst wenn wir schlafen. Rotes Gemüse oder rote Früchte sind außerdem gut für die Blutbildung.

Besonders wichtig ist das Kauen von rohem Gemüse. Das kräftigt Zähne, Zahnfleisch und die gesamte Mundmuskulatur.

Ist dir bewusst, dass deine Esswerkzeuge gleichzeitig deine Sprechwerkzeuge sind?
Kräftige, gesunde, gut trainierte Muskeln im Mundbereich ermöglichen ein leichteres und müheloseres Sprechen.

Deine Zunge ist ein sehr bewegliches, muskulöses Organ. Du brauchst sie zum Essen, Trinken, Schlucken, Sprechen und Singen.

Tomatensalat mit Walnüssen

Das wird gebraucht:	So wird´s gemacht:
500 g Fleischtomaten	in Stücke schneiden
1 grüne Paprika	Kerne und weißes Fruchtfleisch entfernen, in feine Streifen schneiden
1 kleine Dose Maiskörner	abtropfen lassen
150 g ganze Walnüsse	aufknacken, Kerne herausnehmen, zerkleinern
1 Bund Petersilie	Blätter fein schneiden
4 Esslöffel Olivenöl ½ Esslöffel Zitronensaft 1 Messerspitze Zucker etwas Salz	Marinade anrühren, mit dem Gemüse vermengen
	den Salat 15–20 Minuten ziehen lassen

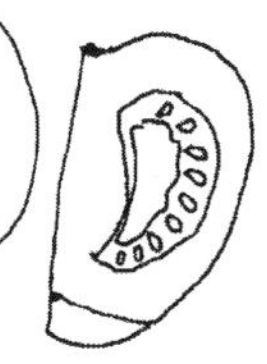

Halte eine Tomate und eine Walnuss an deine Backe. Welche Frucht ist kälter?
Nimm eine Tomate und eine Walnuss in die Hand. Wie fühlen sie sich an?

Rolle eine Tomate und eine Walnuss über die Tischplatte. Was beobachtest du?

Kartoffelsalat mit Gurke

Das wird gebraucht:	So wird´s gemacht:
800 g kleine Kartoffeln (oder Salatkartoffeln)	waschen, weich kochen, etwas abkühlen lassen, abschälen, in Scheiben schneiden
6 Esslöffel Öl 2 Esslöffel Kräuteressig ¼ Liter Gemüsebrühe 1 Teelöffel Salz (knapp) 1 Messerspitze weißer Pfeffer	Marinade anrühren
½ Tasse feingeschnittene Kräuter	die Kräuter waschen, fein schneiden, etwas zum Garnieren zurückbehalten
	Marinade und Kräuter mit den Kartoffelscheiben vermengen, den Salat 1 Stunde ziehen lassen
	mit Kräutern garnieren

Zum Garnieren kannst du auch ein hart gekochtes Ei, Radieschen oder Tomaten verwenden. Auf frisches Grün und leuchtende Farben wie bei Kräutern, Radieschen oder Tomaten fixieren sich unsere Augen. Gleichzeitig regt es unseren Appetit an.

Betrachte an einem Gemüse- und Obststand die herrlichen Farben! Schon beim Anschauen bekommst du Lust aufs Hineinbeißen.

Chinakohlsalat

Das wird gebraucht:	So wird´s gemacht:
1 kleiner Chinakohl	waschen, putzen, in feine Streifen schneiden
2 Orangen	abschälen, würfeln
4 Esslöffel Obstessig 1 Esslöffel Honig 1 Messerspitze Salz ½ Teelöffel Kräutersalz 3 Esslöffel Sonnenblumenkerne 1 Bund fein gehackte Petersilie 4 Esslöffel Sahne	Marinade anrühren, mit Chinakohl und Orangen vermischen
	Salat 10-15 Minuten ziehen lassen

Chinakohl kommt tatsächlich ursprünglich aus China. Vorwiegend im Süden Chinas wird er angebaut.

Was fällt dir bei den Namen Rotkohl, Blumenkohl, Spitzkohl, Weißkohl, Grünkohl, Rosenkohl ein?
Sehen sich diese Kohlsorten ähnlich?
Schmeckt Chinakohl ähnlich wie Blumenkohl oder ganz anders?

Lauchsalat

Das wird gebraucht:	So wird´s gemacht:
2 Eier (hart gekocht)	abpellen, würfeln
3 Stangen Lauch	gründlich waschen, in feine Scheiben schneiden
3 Scheiben Ananas (roh)	würfeln
6 Scheiben gekochter Schinken	in kurze Streifen schneiden
3 Esslöffel Essig 1 Becher Joghurt 1 Messerspitze weißer Pfeffer etwas Ananassaft etwas Salz	Marinade anrühren, mit den anderen Zutaten mischen
	Salat 1 Stunde ziehen lassen

In früherer Zeit glaubte man, dass vom Lauch Zauberkräfte ausgingen. Kaiser Nero soll Unmengen davon gegessen haben, in der Meinung, dass ihn dann niemand besiegen könne. Der Lauch gehört wie die Küchenzwiebel zu den Liliengewächsen.

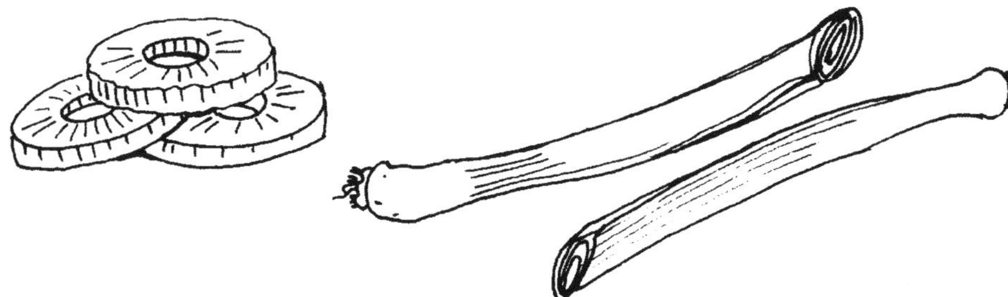

Wurstsalat im Winter

Das wird gebraucht:	So wird´s gemacht:
250 g Fleischwurst	in Würfel schneiden
1 Stange Lauch	gründlich waschen, in feine Streifen schneiden
150 g Erbsen (Dose oder Glas) 150 g Maiskörner (Dose oder Glas)	abtropfen lassen
1 Bund Petersilie	fein scheiden
3-4 Esslöffel Essig 1 Messerspitze Pfeffer 1 Messerspitze Salz 6 Esslöffel süße Sahne	Marinade anrühren, unter die anderen Zutaten mischen
	Salat 1 Stunde ziehen lassen

Probiere & Entdecke

Worin liegt der Unterschied von Maiskörnern und Erbsen? Denke an Form, Farbe und auch an die Mutterpflanze.

Probiere auch die Wurst. Nachher im Salat schmeckt sie anders. Lasse eine Erbse und dann ein Maiskorn in den Teller fallen. Wo entsteht das lautere Geräusch? Kannst du erklären warum? Nimm eine Erbse und ein Maiskorn zwischen die Finger. Welches von beiden ist härter?

Bunter Salat

Das wird gebraucht:	So wird´s gemacht:
1 kleiner Kopfsalat	Blätter auseinander nehmen, waschen
½ Salatgurke	schälen, in dünne Scheiben schneiden
3 Tomaten	waschen, in Würfel schneiden
1 grüne Paprika 1 gelbe Paprika	Kerne entfernen, waschen, in dünne Streifen schneiden
1 kleine Zucchini	in dünne Streifen schneiden
Dill Petersilie Schnittlauch	waschen, fein schneiden
3 Esslöffel Obstessig 2 Esslöffel Sonnenblumenöl 1 Prise Zucker 1 Messerspitze Salz ½ Teelöffel Kräutersalz	Marinade anrühren, unter die anderen Zutaten mischen

Salat gleich essen und nicht lange stehen lassen.

Beim Kopfsalat umschließt ein Blatt das andere. Jedes Blatt lässt sich einzeln ablösen. Außen sind die Blätter größer und dunkler, innen werden sie kleiner und heller.

Probiere die Blattrippen und die zarten Blätter. Wie schmecken die Salatblätter, wenn sie mit Marinade angemacht sind?

Suppen

Goldwürfelsuppe

Zucchinisuppe

Tomatensuppe mit Käseklößchen

Suppe mit Hackfleischklößchen

Buchstabensuppe

Nudeltopf

Kartoffelsuppe mit Würstchen

Ich esse meine Suppe gern

Goldwürfelsuppe

Das wird gebraucht:	So wird´s gemacht:
3-5 Suppenknochen 1½ Liter Wasser 1 Bund Suppengrün	alles zusammen 1-2 Stunden kochen lassen, dann Suppengrün und Knochen herausnehmen
4 Scheiben Vollkorntoastbrot	in Würfel schneiden
2 Eier 2 Esslöffel Milch	Zutaten verquirlen und Brotwürfel dazugeben, 10 Minuten ziehen lassen
40 g Margarine oder Butter	in der Pfanne zergehen lassen, Brotwürfel darin goldbraun rösten
1 Teelöffel Gemüsebrühewürze etwas Salz	Suppenknochensud mit Gemüsebrühewürze aufkochen lassen
	die heiße Brühe über die Würfel gießen
Petersilie fein geschnitten	darüber streuen
	die Suppe gleich essen

Zucchinisuppe

Das wird gebraucht:	So wird´s gemacht:
600 g Zucchini	waschen, in Würfel schneiden
1 Knoblauchzehe 1 Zwiebel	putzen, klein schneiden
30 g Butter	Butter zergehen lassen, Gemüse, Knoblauch und Frühlingszwiebeln 5 Minuten darin andünsten
1 Esslöffel Mehl	Mehl darüber stäuben
1 Liter Wasser	mit Wasser aufgießen
1 Teelöffel Kräutersalz 1 Messerspitze Pfeffer ½ Teelöffel Gemüsebrühewürze	Gewürze dazugeben, Gemüse 10 Minuten kochen
2 Esslöffel Crème fraîche	hineinrühren und anschließend alle Zutaten mit dem Mixstab pürieren, dabei die Suppe nicht mehr aufkochen lassen
etwas Petersilie	fein schneiden und darüber streuen

Zucchini haben wenig Eigengeschmack.
Deshalb erhält die Suppe durch die Beigabe von Gewürzen mehr Aroma.

Kleine Zucchini sind zarter als die großen.
Gelbe Zucchini haben besonders zartes Fruchtfleisch. Zucchini ist ein hervorragendes Kochgemüse und lässt sich mit anderen Gemüsearten (Tomaten, Paprika, Gurken, Zwiebeln, Auberginen) gut mischen.

Tomatensuppe mit Käseklößchen

Das wird gebraucht:	So wird´s gemacht:
50 g weiche Butter	glatt rühren
50 g geriebener Hartkäse 50 g Brotbrösel 1 Ei	Käse, Brotbrösel und Ei dazurühren, 30 Minuten in den Kühlschrank stellen, runde Klößchen formen
1 Liter Wasser ½ Teelöffel Salz ½ Teelöffel Gemüsebrühe-würze	Wasser zum Kochen bringen, die Klößchen darin 5 Minuten ziehen lassen, dann die Klößchen herausnehmen, Gemüsebrühe aufbewahren
1 Zwiebel 1 Knoblauchzehe	Schale entfernen, fein schneiden
40 g Butter	Butter zergehen lassen, Zwiebel und Knoblauch dazugeben und andünsten
1 große Dose gewürfelte Tomaten	Tomaten mitdünsten, mit der vorbereiteten Gemüsebrühe aufgießen
1 Messerspitze Paprika-pulver ½ Teelöffel Zucker	hineinrühren und 10 Minuten kochen lassen fein schneiden, in die Suppe geben
8-10 Blätter Basilikum	Tomatensuppe in die Teller schöpfen und die Klößchen dazugeben

Wenn die Klößchen gesondert in die Suppe kommen, bleiben sie weiß.

Das sieht hübscher und appetitlicher aus.

Dill

Schnittlauch

Salbei

Basilikum

Majoran

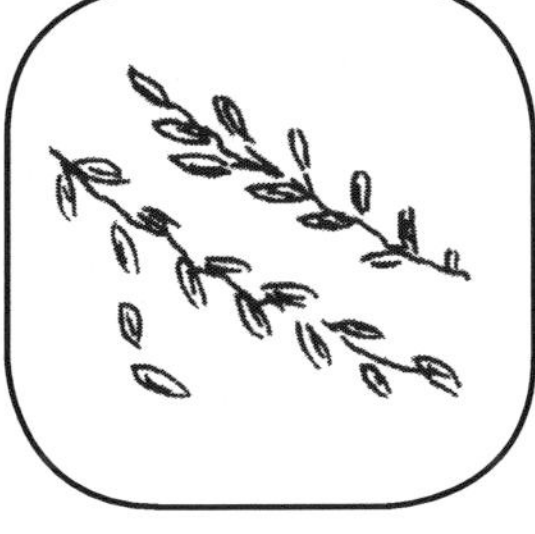

Rosmarin

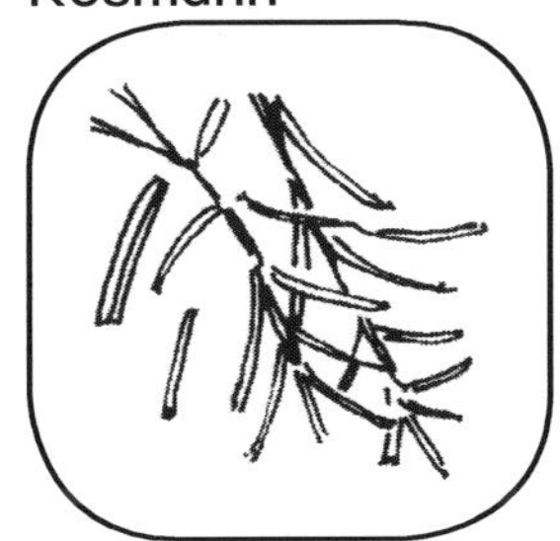

Knoblauch

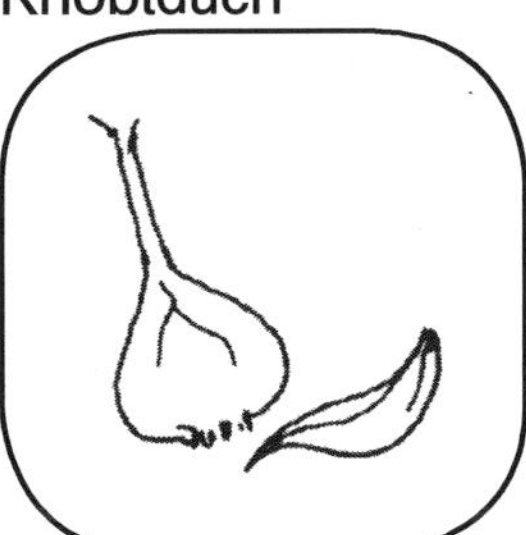

Frühlingszwiebel

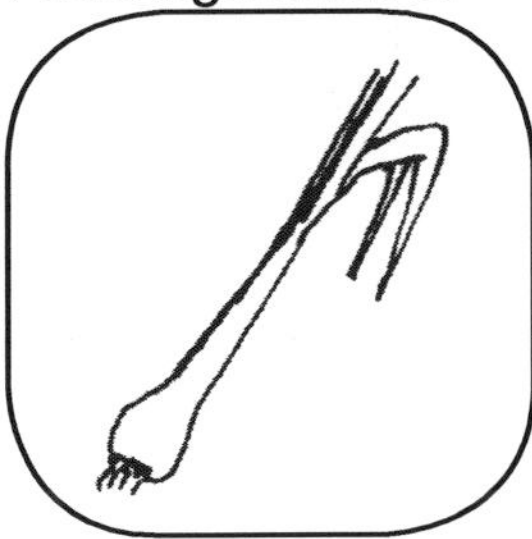

Suppe mit Hackfleischklößchen

Das wird gebraucht:	So wird´s gemacht:
250 g Hackfleisch (Rind und Schwein gemischt) ¼ Teelöffel Salz 1 Messerspitze Pfeffer 1 Messerspitze Thymian 3 Esslöffel Brotbrösel 1 Ei	alle Zutaten zusammenkneten
200 g Kohlrabi	Wurzeln, Schale und Blätter entfernen, in 2 cm lange Stücke schneiden
200 g Möhren	waschen, schälen, in 2 cm lange Stücke schneiden
200 g grüne Bohnen	waschen, Fäden abziehen, in 2 cm lange Stücke brechen
1½ Liter Wasser ½ Teelöffel Salz 1 Teelöffel Gemüsebrühewürze	aufkochen lassen, Gemüse 10 Minuten darin kochen aus dem Hackfleischteig kleine Klößchen formen, in die Brühe geben und 10 Minuten mitkochen lassen
Bund Schnittlauch	fein schneiden und auf die Suppe streuen

Grüne Bohnen müssen immer gekocht und dürfen nicht roh gegessen werden, da sie in rohem Zustand giftig sind. Beim Kochen wird das Gift zerstört.

Buchstabensuppe

Das wird gebraucht:	So wird´s gemacht:
3-4 Suppenknochen 1½ Liter Wasser	1-2 Stunden kochen lassen, Suppenknochen herausnehmen
1 Bund Suppengrün	waschen, putzen, zerkleinern, 10-20 Minuten mitkochen
1 Teelöffel Gemüsebrühewürze ½ Teelöffel Salz (knapp)	dazugeben
50 g Buchstabennudeln (Suppeneinlage)	etwa 6 Minuten kochen
1 Bund Schnittlauch	fein schneiden und auf die Suppe streuen

Nudeltopf

Das wird gebraucht:	So wird´s gemacht:
175 g Rindfleisch 1¾ Liter kaltes Wasser	45 Minuten kochen lassen, Schaum abschöpfen, das Fleisch herausnehmen, abkühlen lassen und in kleine Würfel schneiden, wieder in die Brühe geben
300 g grüne Erbsen	die Hülsen entfernen
2 Möhren	waschen, schälen, in kurze, dünne Stücke schneiden
1 Teelöffel Gemüsebrühewürze ½ Teelöffel Salz	in die Suppe geben und das Gemüse 10 Minuten darin kochen
50 g feine Suppennudeln	6 Minuten mitkochen
Petersilie	fein hacken und auf die Suppe streuen

Wer kann aus den Buchstaben seinen Namen zusammensetzen? Wer erfindet andere Namen und andere Wörter? Wechselst du den Anfangsbuchstaben aus, so entstehen neue Wörter, z. B.
Wand, Sand, Hand, Land, Band, Tand.

Tausche den Vokal aus, so entstehen wiederum neue Wörter, z. B.
nass und Nuss,
Band und Bund,
Rind und Rand und rund.

Sieh dir die Suppenknochen vor und nach dem Kochen an. Einige sind innen hohl, wieder andere sind mit Knochenmark gefüllt. Das Knochenmark ist sehr fetthaltig und kann herausgelöst werden. Aus dem Knochenmark lassen sich Markklößchen zubereiten. Kannst du die „Fettaugen" auf der Brühe sehen?

Kaltes und lauwarmes Wasser laugt Fleisch stärker aus, dadurch wird die Brühe besser.

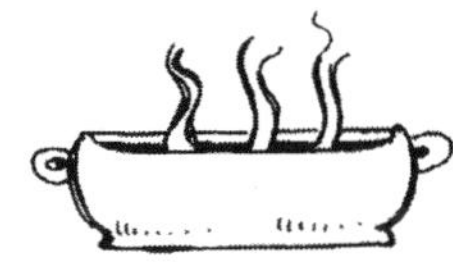

Frische Erbsen gibt es im Sommer. Sie sind in Hülsen, müssen aufgemacht und ausgepult werden. Wusstest du, dass bei den Germanen die Erbsen dem Gott Donar geweiht waren?
Um ihn gnädig zu stimmen, wurde an seinem Ehrentag (dem Donnerstag) ein Erbsengericht gegessen. Donar sollte im Sommer Gewitterregen bringen und im Winter gefährliche Stürme vertreiben.

Kartoffelsuppe mit Würstchen

Das wird gebraucht:	**So wird´s gemacht:**
1 Zwiebel	Schale entfernen, klein schneiden
30 g Butter	zergehen lassen und Zwiebel darin glasig dünsten
1½ Liter Wasser 1 Teelöffel Salz	aufkochen
500 g Kartoffeln 1 große Möhre 1 kleine Stange Lauch ¼ Sellerieknolle 1 Petersilienwurzel	Gemüse waschen, putzen, zerkleinern, in die Suppe geben, 20 Minuten kochen lassen, gedünstete Zwiebeln dazugeben, alles mit dem Mixstab pürieren
2 Esslöffel Crème fraîche	unterrühren
4 Wiener Würstchen	in Scheiben schneiden
fein gehackte Petersilie	Würstchen und Petersilie dazugeben
1 kleine Stange Lauch	fein schneiden und in die Suppe geben

Kannst du dir vorstellen, dass aus diesem harten Gemüse ein Brei, eine Suppe wird?
Welche Farbe hat wohl die Suppe, wenn sie gekocht und püriert ist?

Hörst du es, wenn die Suppe „blubbert“?
Dann musst du gut aufpassen und umrühren, damit sie nicht anbrennt.

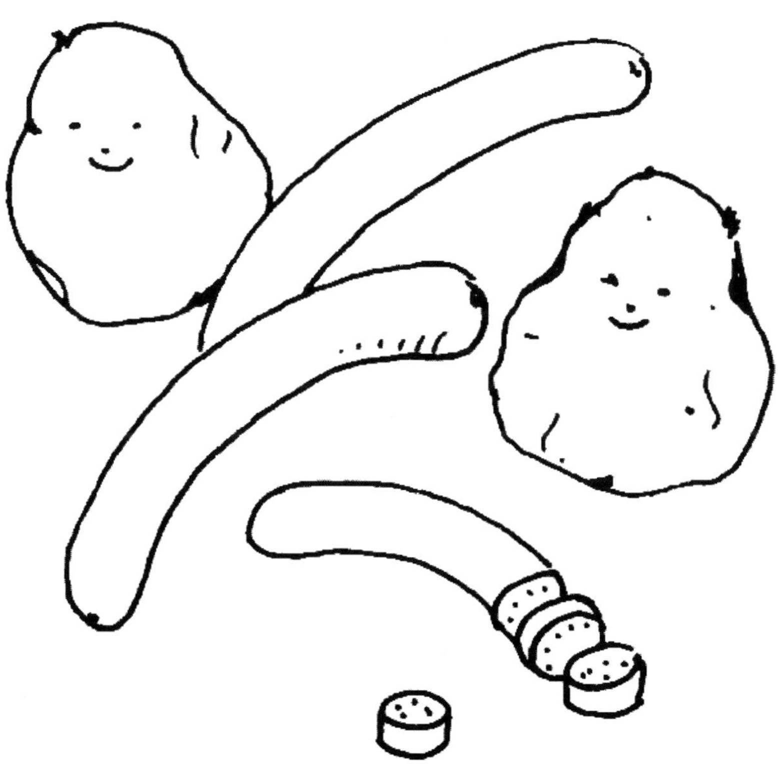

Soßen

Kräutersoße
Joghurt-Gurken-Soße
Tomatensoße
Hackfleischsoße
Möhrensoße
Basilikumsoße
Paprikasoße
Spanische Soße
Pilzsoße

Soßen zu Schupfnudeln, Kartoffeln, Fächerkartoffeln, Sesamkartoffeln, Kartoffelwürsten, Bratlingen, Nudeln, Gnocci und Reis

Kräutersoße

Das wird gebraucht:

1 Becher Sauerrahm
1 Becher Joghurt
1 Knoblauchzehe (zerdrückt)
2 Tassen fein geschnittene Kräuter (Schnittlauch, Dill, Petersilie, Kerbel, Sauerampfer)
¼ Teelöffel Zucker
¼ Teelöffel Kräutersalz
1 Teelöffel Zitronensaft

So wird´s gemacht:

alle Zutaten gut verrühren

1 hart gekochtes Ei – abpellen, fein würfeln und über die fertige Soße streuen

Schmecken die Kräuter auch so, wie sie riechen?

Das ist eine Soße, die nicht gekocht werden muss. Du wirst dich über die Angabe der vielen verschiedenen Kräuter wundern?
Das ist nur ein Vorschlag. Du nimmst, was du gerade vorrätig hast oder im Garten findest.
Du kannst die Soße auch ohne Sauerrahm und nur mit Joghurt zubereiten.

Es wird immer wieder vorkommen, dass eine Speise vor dir auf dem Tisch steht, die du nicht kennst. Probiere davon und wenn es nur ein klein bisschen ist. Sei neugierig. Vielleicht bist du sogar angenehm überrascht.

Joghurt-Gurken-Soße

Das wird gebraucht:

½ Liter Joghurt
1 Tasse fein geschnittene Kräuter
½ Teelöffel Kräutersalz

So wird´s gemacht:

alle Zutaten gut verrühren

2 Frühlingszwiebeln – ganz fein schneiden

½ Salatgurke – schälen und grob raspeln, Zwiebeln und Gurke dazurühren

Wer Knoblauch mag, kann noch 1-2 Zehen schälen, zerdrücken und dazugeben.

Die Nase ist das Einzige in deinem Gesicht, das hervorsteht. Die beiden Nasenlöcher brauchst du zum Ein- und Ausatmen, aber auch zum Riechen. Sie befinden sich genau über dem Mund und können so das Essen, das du zu dir nimmst, gleich beriechen.

Tomatensoße

Das wird gebraucht:	So wird´s gemacht:
500 g Tomaten (oder 1 Dose gewürfelte Tomaten)	kurz in kochendes Wasser legen, die Haut abziehen, grob würfeln
2 Zwiebeln 1 Knoblauchzehe	Schale entfernen, würfeln
2 Esslöffel Olivenöl	Zwiebeln und Knoblauch in Öl andünsten, Tomatenwürfel 10-15 Minuten mitdünsten
1 Esslöffel Mehl 1 Tasse Wasser ½ Teelöffel Zitronensaft ½ Teelöffel Zucker ½ Teelöffel Salz (knapp) 1 Messerspitze Pfeffer 1 Teelöffel Paprikapulver (edelsüß) ¼ Würfel Gemüsebrühewürze 1-2 Esslöffel Sahne	alles hinzufügen und nochmals kurz kochen lassen
6-8 Blättchen Basilikum	fein schneiden und über die Soße streuen

Fallen dir die vielen verschiedenen Gewürze auf? Bei Soßen ist das Würzen besonders wichtig. Gibt es ein Gewürz, das du nicht magst? Welches ist es? Und warum magst du es nicht?

Partytomaten

Salattomaten

Fleischtomaten

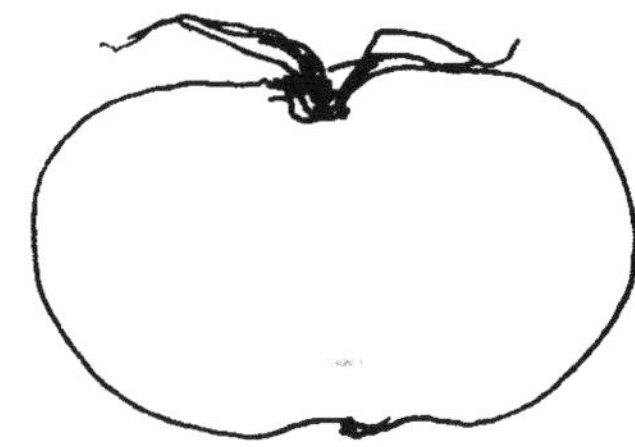

Hackfleischsoße

Das wird gebraucht:	So wird´s gemacht:
1 Zwiebel	Schale entfernen, fein würfeln
2 Esslöffel Öl	die Zwiebel im Öl andünsten
250 g Hackfleisch	5-10 Minuten mitbraten
1 kleine Dose gewürfelte Tomaten ⅛ Liter Wasser ½ Teelöffel Salz (knapp) 1 Teelöffel Oregano	heineinrühren, 5-10 Minuten mitkochen

Im Sommer sollten frische Tomaten bevorzugt werden.
Lege sie kurz in kochendes Wasser, dann lässt sich die Haut leicht abziehen und man kann die Tomaten leicht in Würfel schneiden.

Oregano ist ein Gewürz, das vorwiegend für Pizza verwendet wird. Riechst du es auch in der Soße?
Welcher Unterschied besteht zwischen Tomatensoße und Hackfleischsoße?
Welche schmeckt dir besser?

Möhrensoße

Das wird gebraucht:	So wird´s gemacht:
500 g Möhren	waschen, schälen, in kleine Stücke schneiden
1 kleine Zwiebel	Schale entfernen, würfeln
25 g Butter	zergehen lassen, Zwiebel und Möhren 10 Minuten darin dünsten
¼ Liter Wasser	gedünstetes Gemüse mit Wasser aufgießen
½ Teelöffel Salz (knapp) ¼ Teelöffel Gemüsebrühe-würze 1 Messerspitze Pfeffer	Gewürze dazugeben, 10-15 Minuten kochen lassen, mit dem Mixstab pürieren
½ Bund Petersilie	waschen, fein hacken und unter die Soße rühren

Wenn du noch 2-3 Esslöffel Sahne hineinrührst, schmeckt die Soße feiner und cremiger.

Möhren heißen auch Mohrrüben, Karotten, Gelbe Rüben und Rübli (Schweiz).

Mohrrüben heißen sie, weil in der Mitte der Blüte eine kleine schwarze Knospe sitzt, der „Mohr“ sozusagen.

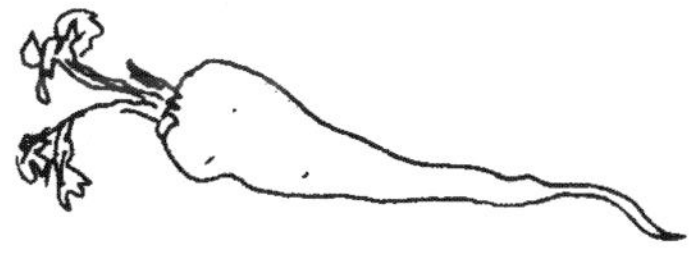

Basilikumsoße

Das wird gebraucht:	So wird´s gemacht:
2 Bund frisches Basilikum	waschen, Blättchen fein schneiden
2–5 Knoblauchzehen 4 Esslöffel Olivenöl	Schale entfernen, durch die Knoblauchpresse drücken und in Olivenöl kurz andünsten
6 Esslöffel Parmesankäse (gerieben) 1-2 Messerspitzen Muskat-pulver 1½ Tassen Wasser 1 Teelöffel Gemüsebrühe-würze	alles dazugeben und gut verrühren
	Basilikum dazugeben
	(Soße unter die heißen Nudeln oder Spaghetti mengen, gleich essen)

Du hast mit deinen Händen Knoblauch und Basilikum angefasst. Nach was riechen deine Hände? Wasche deine Hände und rieche nochmals daran. Sehen die Basilikumblätter in der Soße anders aus? Wie?

Basilikum ist eine aromatische Gewürzpflanze und heißt auch „Königskraut“.

Paprikasoße

Das wird gebraucht:	So wird´s gemacht:
2 grüne Paprika (mittelgroß) 2 rote Paprika (mittelgroß)	waschen, Kerne entfernen, fein würfeln
1 Zwiebel	Schale entfernen, fein würfeln
2 Esslöffel Öl	erhitzen, Zwiebel und Paprika 10 Minuten darin andünsten
1 Esslöffel Mehl	darüber stäuben
1 Esslöffel Tomatenmark ½ Teelöffel Paprikapulver edelsüß etwas Salz	dazugeben, die Soße 10 Minuten leicht kochen lassen
½ Tasse Sauerrahm	in die Soße rühren, alles zusammen mit dem Mixstab pürieren

Spanische Soße

Das wird gebraucht:	So wird´s gemacht:
1 kleine Zwiebel	Schale entfernen, würfeln
1 grüne Paprika 1 rote Paprika 1 gelbe Paprika	Kerne entfernen, Paprika klein schneiden
2 Esslöffel Öl	Gemüse 10 Minuten im Öl dünsten
¼ Liter Wasser	dazugießen, 10 Minuten kochen lassen
1 Fleischtomate	klein würfeln, zur Soße geben
1 Dose Maiskörner	dazugeben und die Soße nochmals 10-15 Minuten leicht kochen lassen
½ Teelöffel Salz 1 Messerspitze Paprikapulver	würzen

Der Anbau von Paprika ist bei uns erst seit etwa 50 Jahren bekannt. Sie wächst vorwiegend in wärmeren Gegenden, besonders in Ungarn.

Die scharfen Paprikaschoten sind schmal und länglich und werden hauptsächlich als Gewürz verwendet. Paprika enthält sehr viel Vitamin C.

Es gibt rote, gelbe und grüne Paprika. Probiere von jedem ein Stückchen. Merkst du einen Unterschied? Außen sind alle Paprika glatt und glänzend, innen haben sie weißliche Häute und viele Samenkörner.

Vergleiche eine rote Paprika mit einer Tomate. Wie sieht die Tomate innen aus? Hat sie Ähnlichkeit mit der Paprika?

Was ist leichter: eine rote Paprika oder eine Tomate? Welche Haut ist glatter: die der Tomate oder die der Paprika?

Die dickste menschliche Haut ist an den Fußsohlen und kann bei Menschen, die viel barfuß gehen, bis zu 10 mm dick werden. Die dünnste Haut ist an den Augenlidern, und zwar 1-2 mm.

Pilzsoße

Das wird gebraucht:	So wird´s gemacht:
300 g Champignons	waschen, putzen, in Scheiben schneiden
1 Zwiebel	Schale entfernen, klein würfeln
30 g Margarine	zergehen lassen, Zwiebel darin glasig dünsten, dann die Pilze 10 Minuten mitdünsten
1 Prise Salz 1 Tasse Wasser ½ Teelöffel Gemüsebrühewürze 1 Messerspitze Pfeffer ½ Teelöffel Zitronensaft	in die Pilzsoße rühren
1 Esslöffel Mehl ½ Tasse Sahne	Mehl und Sahne miteinander verrühren, dann in die Soße rühren, kurz aufkochen lassen
½ Bund Petersilie	waschen, fein schneiden und über die Soße streuen

Pilzsoße kann auch aus anderen Pilzarten zubereitet werden, z. B. aus Maronen, Pfifferlingen, Steinpilzen. Welche Pilzarten kennst du? Wie heißen die giftigen und ungenießbaren?
Naturfreunde schneiden mit dem Messer den Stiel unten ab und achten darauf, dass das Pilzgeflecht im Boden erhalten bleibt.

Nimm zum Pilzesammeln einen Korb mit. In Plastiktüten werden die Pilze sehr schnell schlecht. Pilze müssen frisch zubereitet werden!

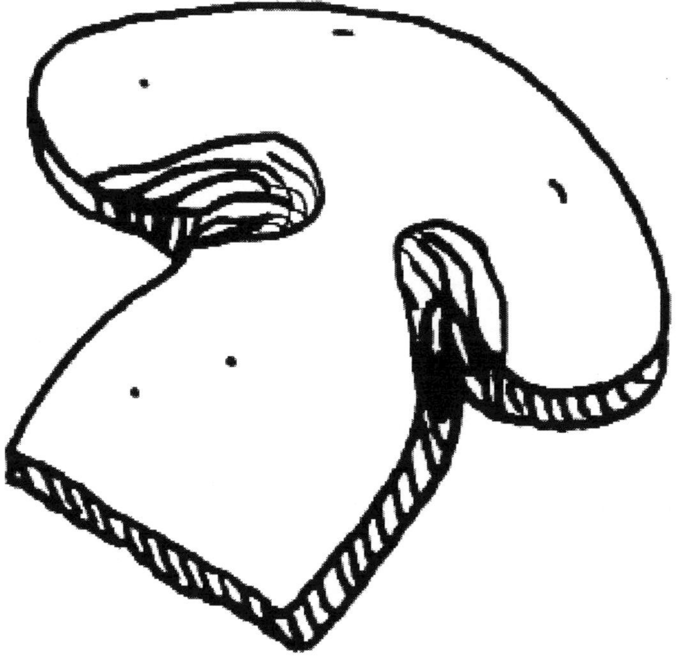

Aus Kartoffeln und Korn

Sesamkartoffeln

Fächerkartoffeln

Kräuterkartöffelchen

Gratinierte Kartoffeln

Gebackene Kartoffelwürste

Schupfnudeln

Gnocchi

Makkaroniauflauf

Chapatis

Bratlinge mit Weizenschrot

Hirsebratlinge mit Käse überbacken

Käsenudeln

Polentaschnitten

Buchweizenauflauf

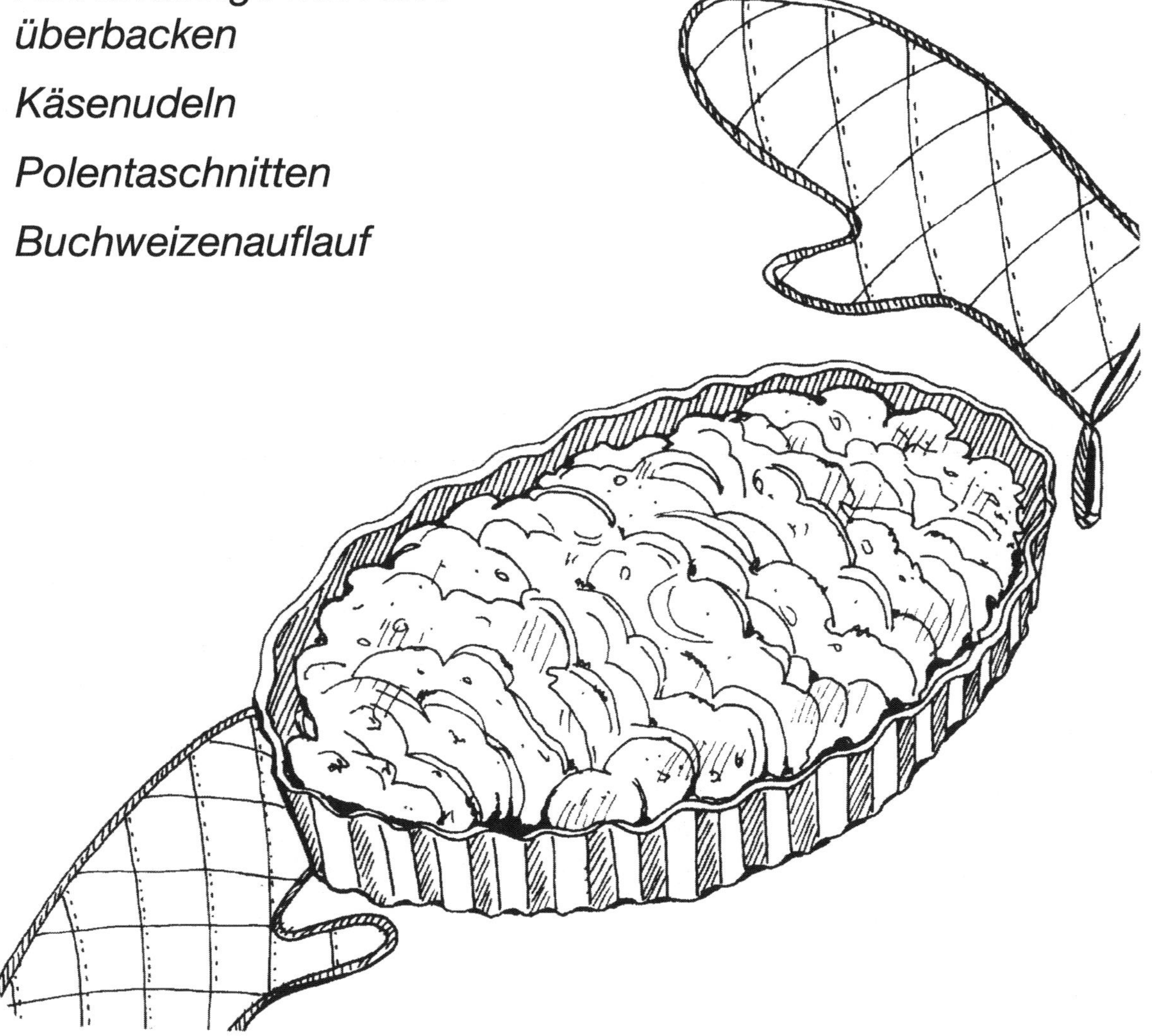

Sesamkartoffeln

Das wird gebraucht:	So wird´s gemacht:
1 kg Kartoffeln (jung)	gründlich waschen, bürsten, in der Mitte der Länge nach durchschneiden
Öl	die Schnittflächen der Kartoffeln mit Öl bepinseln
Sesamkörner	die Schnittflächen in die Sesamkörner drücken
	Kuchenblech mit Backpapier auslegen, Kartoffeln mit der Schnittfläche nach unten aufsetzen
	im vorgeheizten Ofen bei 190 Grad 40-60 Minuten backen, bis die Kartoffeln gar sind

Junge Kartoffeln eignen sich für dieses Gericht am besten und können mit der Schale gegessen werden.

Das Ursprungsland der Kartoffel ist Südamerika. Erst viele Jahre später, nachdem Kolumbus Amerika entdeckt hatte, gab es in Europa Kartoffeln.

Die Kartoffelknolle wird im Frühjahr in die Erde gesteckt, im Frühsommer wächst eine grüne Kartoffelpflanze mit hübschen Blüten, im Spätsommer oder Herbst werden die Kartoffeln geerntet. Sie müssen kühl und dunkel für den Winter gelagert werden.

Die Kartoffelknollen sind die Wurzeln der Kartoffelpflanze. Nach der Blüte bilden sich grüne Früchte, die wie kleine Tomaten aussehen, aber giftig sind.

Fächerkartoffeln

Das wird gebraucht:	So wird´s gemacht:
1 kg gleich große Kartoffeln	waschen, schälen, der Länge nach fächerartig einschneiden, aber nicht durchschneiden, in eine eingefettete Auflaufform legen
25 g flüssige Butter	die Kartoffeln damit bestreichen
Salz	darüber streuen
	im vorgeheizten Backofen die Auflaufform auf die unterste Schiene stellen und die Kartoffeln bei 220 Grad 30 Minuten backen
50 g Hartkäse	reiben, auf die Kartoffeln streuen und nochmals 15-20 Minuten backen

Kräuterkartöffelchen

Das wird gebraucht:	So wird´s gemacht:
1 kg kleine Kartoffeln	waschen, kochen, etwas abkühlen lassen, abschälen
1 Zwiebel	Schale entfernen, fein schneiden
1 Bund Dill 1 Bund Schnittlauch 1 Bund Petersilie	fein schneiden
40 g Fett	in der Pfanne heiß werden lassen, Kartoffeln und Zwiebel darin goldbraun braten
½ Teelöffel Salz (knapp)	darüber streuen
	die Kräuter kurz mitdünsten

Es eignen sich auch große Kartoffeln. Schneide diese aber in Würfel.

Drei bekannte Gewürz- oder Küchenkräuter liegen vor dir: Dill, Petersilie, Schnittlauch. Fasse sie an. Was gibt es für Unterschiede? Zerreibe sie zwischen den Fingern und rieche daran. Merkst du einen Unterschied? Welches Kraut hat die zartesten Blätter?

Beim Kochen entsteht Biomüll. Dieser gehört auf den Komposthaufen oder in die Biotonne.

Gratinierte Kartoffeln

Das wird gebraucht:	So wird´s gemacht:
800 g Kartoffeln	waschen, schälen, in dünne Scheiben schneiden, fächerartig in eine eingefettete Auflaufform schichten
200 g Kräuterfrischkäse ¼ Liter Milch ¼ Liter Gemüsebrühe etwas Salz	die Zutaten verrühren und gleichmäßig verteilt über die Kartoffeln gießen
	im vorgeheizten Backofen bei 200 Grad 40-50 Minuten backen, bis die Kartoffeln gar und goldbraun sind
1 Bund Schnittlauch	fein schneiden und über das fertige Kartoffelgericht streuen

Schmeckt Frischkäse mehr nach Quark oder eher nach Hartkäse?

Die Haut ist das größte Organ des Körpers. Dein ganzer Körper ist mit Haut überzogen und somit geschützt.
Auf einer 1cm² Fläche Haut befinden sich 230 Nervenenden. Du brauchst diese Nervenenden zum Tasten, Fühlen, Spüren und auch als Schutz, z. B. damit du dir nicht die Finger verbrennst.

Gebackene Kartoffelwürste

Das wird gebraucht:	So wird´s gemacht:
1 kg Kartoffeln	waschen, kochen, abschälen, etwas abkühlen lassen, dann zerstampfen oder durch die Kartoffelpresse drücken
200 g Mehl ½ Teelöffel Salz 1 Ei (verquirlt) 1 Messerspitze Muskat	Zutaten mit den Kartoffeln vermengen
	auf bemehlter Unterlage aus dem Teig dicke kurze Würste formen
50 g Butter oder Margarine	zergehen lassen und die Würste ringsum damit bepinseln, dicht nebeneinander in eine eingefettete Auflaufform legen
	im vorgeheizten Backofen bei 210 Grad 30-40 Minuten backen

Schau öfters mal in den Backofen und beobachte, wie die Kartoffelwürste eine goldbraune Kruste bekommen. Innen bleibt der Teig hell und weich. Was isst du lieber: die Kruste oder das weiche Innere?

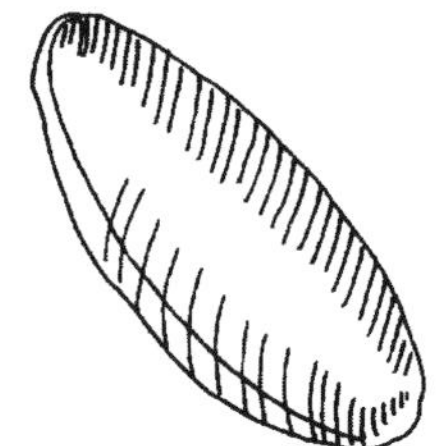

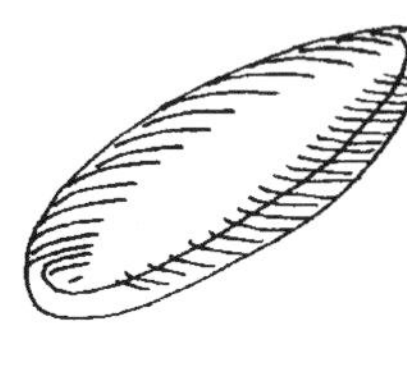

Schupfnudeln

Das wird gebraucht:	So wird´s gemacht:
750 g mehlige Kartoffeln	weich kochen, abschälen, zerstampfen oder durch die Kartoffelpresse drücken, etwas abkühlen lassen
250 g Mehl ½ Teelöffel Salz 1 Messerspitze Muskatpulver 1 Ei	Zutaten zusammen mit den Kartoffeln verkneten
	aus dem Teig Schlangen formen, Scheiben abschneiden, mit bemehlten Händen walnussgroße Kugeln formen und zu kleinen Würsten rollen, die an den Enden spitz sind
3 Liter Wasser 1 Teelöffel Salz	die Schupfnudeln portionsweise in das kochende Wasser geben, sobald sie an der Oberfläche sind, herausnehmen.

Schupfnudeln, die übrig bleiben, schmecken auch am nächsten Tag gut, wenn sie in der Pfanne goldbraun gebraten werden.

Schupfnudeln sind mit den italienischen Gnocchi verwandt.

Gnocchi

Das wird gebraucht:	So wird´s gemacht:
1 kg mehlige Kartoffeln	waschen, weich kochen, etwas abkühlen lassen, schälen, zerstampfen oder durch die Kartoffelpresse drücken
200 g Mehl 100 g Grieß 60 g geriebener Parmesankäse 1 Ei ½ Teelöffel Salz	Zutaten mit den Kartoffeln zu einem Teig verkneten, dann mit bemehlten Händen walnussgroße Kugeln formen, diese mit einer Essgabel etwas platt drücken, sodass Plätzchen mit Muschelmuster entstehen
3 Liter Wasser 1 Teelöffel Salz	die Gnocchi portionsweise in das kochende Wasser geben, sobald sie an der Oberfläche sind, herausnehmen, in eine eingefettete Auflaufform schichten
50 g geriebener Parmesankäse	darüber streuen
	die Gnocchi im vorgeheizten Backofen bei 200 Grad etwa 30 Minuten goldgelb backen

Anstelle von Parmesankäse kann auch ein anderer Hartkäse verwendet werden.

Gnocchi ist ein italienischer Name und heißt auf Deutsch: Klößchen.

Makkaroniauflauf

Das wird gebraucht:	So wird´s gemacht:
250 g Makkaroni (Vollkorn) 3 Liter Wasser 1 Teelöffel Salz 1 Teelöffel Öl	Makkaroni bissfest kochen
2 grüne Paprika 2 rote Paprika	Kerne entfernen, waschen, in schmale, dünne Streifen schneiden
175 g Emmentaler Käse	reiben
1 Becher Sauerrahm ⅛ Liter Milch 2 Eier 1 Messerspitze Muskat etwas Salz	miteinander verquirlen
	Makkaroni und ⅔ vom Käse vermischen, schichtweise mit den Paprikastreifen in eine eingefettete Auflaufform geben, die verquirlte Flüssigkeit langsam darüber gießen, den restlichen Käse darüber streuen, den Auflauf im vorgeheizten Ofen bei 200 Grad etwa 30 Minuten goldbraun backen

Nudeln werden aus Mehl, Eiern und Wasser hergestellt (man kann sie auch ohne Eier machen). Sie haben sehr viele Verwandte. Spaghetti und Makkaroni sind wohl die bekanntesten darunter.
Die Italiener haben bei der Herstellung von Teigwaren enorm viel Fantasie. Über dreihundert, manche behaupten sogar über vierhundert Sorten soll es davon geben.
Und erst die Namen!
Fallen dir welche ein?

Chapatis

Das wird gebraucht:	So wird´s gemacht:
200 g Mehl 2 Esslöffel Öl ½ Tasse Wasser	Mehl mit dem Öl vermischen, Wasser langsam dazugeben, Teig so lange kneten, bis er glatt und geschmeidig ist
	8 gleich große Kugeln formen, ein Tuch darüber decken und die Teigkugeln 30 Minuten ruhen lassen
	dann zu dünnen, runden Fladen ausrollen (15 cm Durchmesser) und ohne Fett in der Pfanne auf beiden Seiten knusprig anbraten (bei Blasenbildung diese mit der Backschaufel platt drücken)
	gebackene Chapatis in ein Tuch einschlagen, damit sie warm bleiben

Chapatis werden zusammengeklappt, in die Hand genommen und zu Gemüse, Linsen, Bohnen oder Fleischgerichten gegessen.

Fladenbrote sind weltweit stark verbreitet. Dieses Rezept kommt aus Indien.

Bratlinge mit Weizenschrot

Das wird gebraucht:	So wird´s gemacht:
1 Bund Suppengrün	waschen, putzen, zerkleinern
½ Liter Wasser 1 Teelöffel Gemüsebrühewürze	Suppengrün 15 Minuten kochen, dann mit dem Mixstab pürieren
100 g Erbsen (tiefgekühlt) 175 g Weizenschrot	hineinrühren, 5 Minuten kochen, 20 Minuten aufquellen lassen
1 Esslöffel Mehl 1-2 Esslöffel Brotbrösel 2 Esslöffel Hartkäse (gerieben) 2 Esslöffel Petersilie (fein geschnitten)	unter den Schrotgemüsebrei rühren
	Kugeln von 5 cm Durchmesser formen, etwas platt drücken
Brotbrösel	mit Brotbröseln bestreuen
Fett oder Öl	auf beiden Seiten in der Pfanne knusprig braun braten

Vielleicht kommst du im Sommer an einem Ährenfeld vorbei. Bleib mal stehen und betrachte die Halme, die Ähren etwas genauer. Wie viele Körner zählst du an einer Ähre? Solange die Ähren grün sind, sind sie weich. Reift das Getreide, wird es gelb und die Körner werden hart. Und wenn sie hart sind, das Wetter schön und trocken ist, kann der Landwirt dreschen.

Hirsebratlinge mit Käse überbacken

Das wird gebraucht:	So wird´s gemacht:
100 g Sellerie 1 Möhre 1 Zwiebel	waschen, putzen, klein würfeln
½ Liter Wasser ½ Teelöffel Salz (knapp)	Gemüse bissfest kochen
180 g Hirseschrot	dazugeben, 10 Minuten mitkochen und 30 Minuten aufquellen lassen, etwas auskühlen lassen
1 Ei 1 Tasse Kräuter (fein geschnitten) 1 Esslöffel Mehl 1 Esslöffel Sauerrahm	Zutaten unter den Hirseteig kneten, dann Kugeln formen (5 cm Durchmesser) und leicht platt drücken
Brotbrösel	auf Bratlinge streuen
Öl zum Ausbacken	Bratlinge auf beiden Seiten goldbraun braten, auf ein Backblech legen
4-5 Tomaten	in Scheiben schneiden, gleichmäßig auf die Bratlinge verteilen
Käsescheibletten	darauf legen
	auf der untersten Schiene im vorgeheizten Backofen bei 175 Grad 15 Minuten backen

Probiere & Entdecke

Hirse kann süß und salzig zubereitet werden. Spürst du beim Essen auf der Zunge noch etwas von dem Hirsegrieß?

Käsenudeln

Das wird gebraucht:	So wird´s gemacht:
250 g Nudeln (Vollkorn) 3 Liter Wasser ¼ Esslöffel Salz 1 Teelöffel Öl	Nudeln bissfest kochen
100-150 g Emmentaler Käse	reiben
	in eine eingefettete Auflaufform eine Schicht Nudeln, eine Schicht Käse geben, mit Käse abschließen
	Käsenudeln im vorgeheizten Backofen bei 225 Grad 30 Minuten backen

Wir verwenden zum Kochen und Backen vorwiegend Weizenmehl. Weizen wird fast in der ganzen Welt angebaut.

Polentaschnitten

Das wird gebraucht:	So wird´s gemacht:
250 g Maisgrieß (Polenta) 1 Liter Wasser 1 Teelöffel Gemüsebrühe-würze ¼ Teelöffel Salz 40 g Butter	alle Zutaten bis auf Polenta aufkochen, Polenta langsam unter Umrühren in die heiße Brühe geben, 5 Minuten kochen und dabei stets umrühren
	20 Minuten aufquellen lassen
	auf einem feuchten Brett den Polentabrei zu einem Rechteck ausstreichen (ca. 1 cm dick), in Rechtecke oder Quadrate schneiden
Margarine oder Butter	die Schnitten auf beiden Seiten goldbraun braten

„Aufquellen" heißt: voll saugen, aufsaugen, gar werden. Der Topf bleibt zugedeckt auf der Herdplatte stehen, die ausgeschaltet wird und noch nachheizt. So können Grieß, Reis, Getreidekörner oder Getreideschrot die Flüssigkeit aufnehmen und dabei fertig garen.

Mais wurde zuerst von den Inkas und Azteken, später von den Indianern angebaut. In Peru wächst er noch in einer Höhe von 3.000 Metern. Zum Ausreifen benötigt er viel Wärme. Bei uns wird er im Frühjahr gesät, ist frostempfindlich und wird vorwiegend als Futter für die Tiere verwendet.

Eidotter werden intensiv gelb, wenn die Hühner Maiskörner ins Futter bekommen.

Buchweizenauflauf

Das wird gebraucht:	So wird´s gemacht:
1 Zwiebel 1 Stange Lauch 200 g Möhren	waschen, putzen, fein würfeln
100 g Butter oder Margarine	zergehen lassen, das Gemüse 3-4 Minuten darin dünsten
⅜ Liter Wasser ½ Teelöffel Gemüsebrühe-würze ½ Teelöffel Salz (knapp) 250 g Buchweizen	alles dazugeben, 10 Minuten kochen und anschließend 30 Minuten bei niedriger Temperatur aufquellen lassen
1 Becher Sauerrahm 3 Eigelb 50 g geriebener Gouda Käse	Zutaten mit dem Buchweizenbrei verrühren
3 Eiweiß	zu Eischnee schlagen und unter den Teig heben, in eine eingefettete Auflaufform füllen
75 g geriebener Gouda Käse	darüber streuen
	im vorgeheizten Backofen bei 200 Grad etwa 30 Minuten goldbraun backen

Es wird vermutet, dass die Mongolen den Buchweizen nach Mitteleuropa gebracht haben. Er ist eigentlich kein Getreide, sondern ein Knöterichgewächs, dessen Samen verwendet werden.

Er wächst einjährig, wird meist über 50 cm hoch und hat dreikantige Kerne, die an die Form der Bucheckern erinnern.

Gemüse

Überbackene Tomaten

Lauch-Tomaten-Pfanne

Zucchiniküchlein

Ratatouille

Paprikagemüse

Gemüserisotto

Blumenkohlauflauf

Rosenkohlauflauf

Spinat-Nudel-Auflauf

Mit Gemüse durch das Jahr

Gemüse

Überbackene Tomaten

Das wird gebraucht:	So wird´s gemacht:
8 feste Tomaten	waschen, halbieren, in eine eingefettete Auflaufform geben, die Schnittflächen müssen nach oben zeigen
1 Teelöffel Basilikum (Gewürz) ½ Teelöffel Salz (knapp) 50 g Brotbrösel 50 g geriebener Käse 3 zerdrückte Knoblauchzehen	die Zutaten miteinander vermischen und auf die Schnittflächen der Tomaten streuen
	etwa 30 Minuten bei 225 Grad im vorgeheizten Ofen backen

Knoblauch ist eine Gewürzpflanze. Besonders in Südeuropa und in Asien wird viel Knoblauch gegessen. Er hat einen sehr intensiven Geschmack und meist genügen schon geringe Mengen, um den Speisen eine besondere Würze zu geben. Die einzelnen Teile der Knoblauchknolle heißen Zehen.
In Ostasien werden auch die grünen Blätter verwendet, die einen sehr hohen Gehalt an Vitamin C haben. Knoblauch gehört auch zu den Heilpflanzen.

Lauch-Tomaten-Pfanne

Das wird gebraucht:	So wird´s gemacht:
250 g Lauch	gründlich waschen, putzen, in Ringe schneiden
750 g Tomaten	waschen, in schmale Stücke schneiden
30 g Butter	zergehen lassen, den Lauch 5 Minuten darin andünsten, dann die Tomaten 5 Minuten mitdünsten
½ Teelöffel Salz (knapp)	dazugeben
4 Eier	verquirlen, über das kochende Gemüse gießen, Topf zudecken und warten, bis die verquirlten Eier fest geworden sind
1 Bund Schnittlauch	fein schneiden und darüber streuen

Die Tomate ist eine Kulturpflanze. Sie ist frostempfindlich und muss im Frühjahr in Gewächshäusern vorkultiviert werden, bevor sie in Gärten und auf Feldern gepflanzt werden kann.

Sie heißt auch „Paradiesapfel". Sie wird meist roh gegessen. In der Industrie wird sie zu Saft, Tomatenmark und Ketchup weiterverarbeitet.

Zucchiniküchlein

Das wird gebraucht:	So wird´s gemacht:
600 g Zucchini	waschen, die Enden abschneiden, raspeln
1 große Zwiebel	klein schneiden
1 Knoblauchzehe	durch die Knoblauchpresse drücken
½ Bund Petersilie	fein schneiden
175 g Fetakäse	fein zerbröckeln
1 Ei 3 Esslöffel Mehl	dazugeben und zusammen mit allen Zutaten verrühren
Öl zum Ausbacken	Öl in der Pfanne erhitzen, mithilfe eines Esslöffels Teighäufchen in die Pfanne setzen und mit dem Esslöffel leicht platt drücken, von beiden Seiten knusprig braten

Brot und Tomatensalat schmecken gut dazu. Probiere von dem Fetakäse.
Warum schmecken die Zucchiniküchlein auch ohne Salzbeigabe salzig?

Ratatouille

Das wird gebraucht:	So wird´s gemacht:
½ Zwiebel	fein schneiden
1 Aubergine 1 grüne Paprika 1 gelbe Paprika 500 g Zucchini	Gemüse waschen, in Würfel schneiden
1 Esslöffel Öl	Zwiebel und Gemüse 10 Minuten in Öl andünsten
½ Liter Wasser ½ Teelöffel Paprikapulver ½ Teelöffel Salz ½ Teelöffel Oregano ½ Teelöffel Basilikum	dazugeben, kurz aufkochen lassen
1 Bund Frühlingszwiebeln 1 Bund Schnittlauch	fein schneiden und zum Gemüse geben

Beim Schlucken entstehen Geräusche. Ist dir das schon aufgefallen? Welche Geräusche kannst du mit dem Mund machen?

Probiere einfach aus. Zähle mit, wie viele es sind.

Ratatouille ist ein Gericht, das aus der französischen Küche kommt. Aubergine heißt auf Deutsch „Eierfrucht“.
Befühle die glatte, glänzende Haut. Was fällt dir an der Farbe auf?

Paprikagemüse

Das wird gebraucht:	So wird´s gemacht:
250 g Zwiebeln	Schale entfernen, klein schneiden
1 Knoblauchzehe	Schale entfernen, zerdrücken
3 grüne Paprika 3 gelbe Paprika	halbieren, Kerne entfernen, in Streifen schneiden
600 g Fleischtomaten	ein paar Minuten in kochendes Wasser legen, die Haut abziehen, in schmale Stücke schneiden
3 Esslöffel Olivenöl	erhitzen, Zwiebeln, Knoblauch und Paprika 10 Minuten darin andünsten, dann die Tomatenstücke dazugeben
1 Teelöffel Salz 1-2 Teelöffel Paprikapulver	dazugeben, nochmals 10 Minuten kochen lassen

Rote und gelbe Paprikaschoten sind immer zuerst grün.

Gemüserisotto

Das wird gebraucht:	So wird´s gemacht:
200 g Möhren 100 g Sellerie 200 g Lauch 100 g grüne Erbsen	Gemüse waschen, putzen, in kleine Würfel schneiden
1 Zwiebel	Schale entfernen, fein schneiden
4 Esslöffel Öl	erhitzen, das Gemüse darin andünsten
200 g Naturreis	kurz mitdünsten
¼ Liter Wasser ½ Teelöffel Salz	dazugeben, 5 Minuten kochen lassen, dann den Gemüsereis 20-30 Minuten bei niedriger Temperatur aufquellen lassen
Dill oder Schnittlauch	fein schneiden und darüber streuen

Reis wächst vorwiegend in Ostasien, Afrika und Südamerika, in tropischen und subtropischen Gebieten. Die Reispflanzen werden vorkultiviert und in mit Wasser überflutete Felder gepflanzt. Es gibt aber auch den Trockenreis oder Bergreis, der auf Böden gedeiht, die nicht bewässert sein müssen.
Reis ist in diesen Ländern das Hauptnahrungsmittel. Viele Menschen leben dort in großer Armut und müssen hungern. Viele haben pro Tag nur eine Hand voll Reis zum Essen.

Naturreis ist nicht geschält. Er hat mehr Nährstoffe und ist daher gesünder, braucht aber etwas länger, bis er weich ist.

Blumenkohlauflauf

Das wird gebraucht:	So wird´s gemacht:
1 Blumenkohl	putzen, waschen
2 Liter Wasser ½ Teelöffel Salz etwas Milch	Blumenkohl etwa 10 Minuten kochen, herausnehmen
	Blumenkohl in eine eingefettete Auflaufform geben, die inneren Röschen herausnehmen und in einer Kreisform anordnen, sodass in der Mitte eine Mulde entsteht
150 g gekochter Schinken 150 g Emmentaler Käse	in feine Streifen schneiden
1 Becher Sauerrahm 1 Ei	verquirlen, Käse- und Schinkenstreifen unterrühren, in die Mulde geben
3 Esslöffel Brotbrösel	darüber streuen
30 g Butterstückchen	obendrauf verteilen
	im vorgeheizten Ofen den Auflauf bei 180 Grad etwa 30-40 Minuten backen

Wenn du Blumenkohl kochst und etwas Milch beigibst, bleibt er weiß.

Rieche am gebackenen Auflauf. Und jetzt gehst du einige Meter weg. Riechst du ihn immer noch so stark?
Und jetzt entferne dich immer weiter und probiere aus, wo du den Auflauf nicht mehr riechen kannst.

Rosenkohlauflauf

Das wird gebraucht:	So wird´s gemacht:
1 kg Rosenkohl	putzen, waschen
½ Teelöffel Salz (knapp) ½ Liter Wasser	Rosenkohl bissfest kochen, herausnehmen und in eine eingefettete Auflaufform geben
⅛ Liter Gemüsebrühe	über den Rosenkohl gießen
250 g gekochter Schinken	in Streifen schneiden und auf dem Rosenkohl verteilen
3 Eier ¼ Teelöffel Salz (knapp) ⅛ Milch 1 Messerspitze Muskat	alles zusammen verquirlen, über den Rosenkohl gießen im vorgeheizten Ofen bei 200 Grad 15 Minuten backen
100 g Hartkäse	reiben, darüber streuen und nochmals 15 Minuten backen

Nimm ein Röschen und mache ein Blättchen nach dem anderen ab. Zähle mit. Wie viele sind es? Achte darauf, welche fest anliegen. Oder sind einige lockerer angeordnet? Sind die Röschen nach dem Kochen noch genauso grün oder hat sich die Farbe verändert? Erinnert dich der Geruch des Rosenkohls an etwas? Was riecht ähnlich?

Spinat-Nudel-Auflauf

Das wird gebraucht:	So wird´s gemacht:
375 g Nudeln (Vollkorn) 3 Liter Wasser 1 Teelöffel Salz	Nudeln bissfest kochen, Wasser abgießen, Nudeln mit kaltem Wasser abschrecken, in eine eingefettete Auflaufform geben
75 g Schinkenspeck 1 große Zwiebel	fein würfeln
1 Knoblauchzehe	zerdrücken
20 g Butter	Butter zergehen lassen, Zwiebel, Speck und Knoblauch kurz darin andünsten
300 g tiefgekühlter Spinat	mitdünsten
½ Liter Wasser (knapp)	das Angedünstete mit Wasser aufgießen, kurz aufkochen lassen
75 g geriebener Emmentaler 1 Becher Crème fraîche 1 Teelöffel Mehl etwas Salz	Zutaten miteinander verrühren, dann in den Spinat einrühren, einmal aufkochen lassen
	die Spinatmasse über die Nudeln gießen
100 g Käsescheibletten	in Streifen schneiden und gitterartig über den Auflauf legen
	den Auflauf im vorgeheizten Backofen 20 Minuten bei 200 Grad backen

Der Spinat wurde vor vielen Jahren von den Arabern nach Spanien gebracht.

Die Spanier nannten ihn „espinaca“. Von dort gelangte er nach Deutschland und wurde in „Spinat“ umbenannt.

Fleisch, Wurst und Fisch

Schlemmerwürstchen

Gespickter Wurstring

Hackfleischbällchen

Schinkenbananen

Schnitzel

Gefüllte Wurstnestchen

Fischgulasch

Lammkoteletts

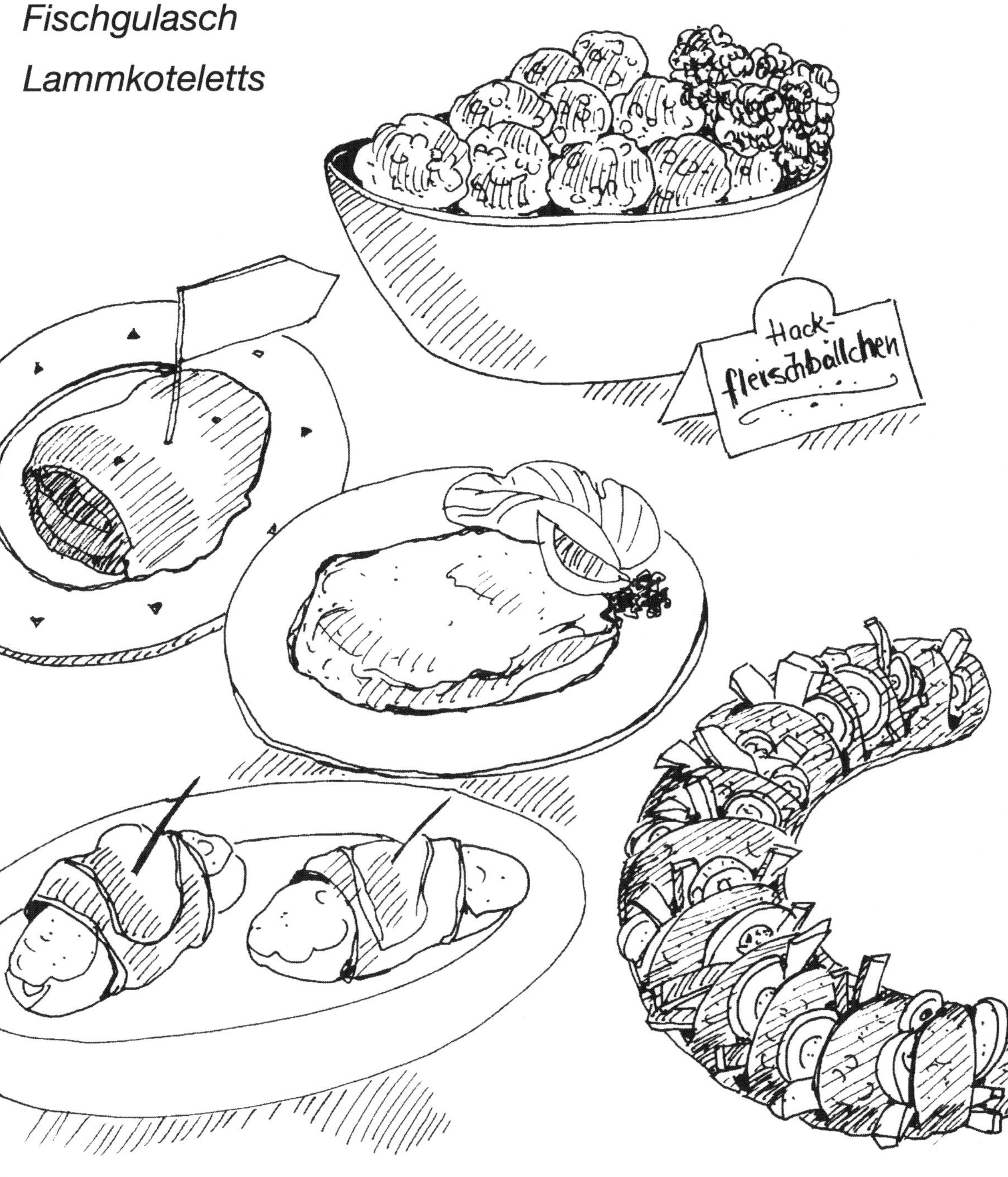

Fleisch, Wurst und Fisch

Schlemmerwürstchen

Das wird gebraucht:	So wird´s gemacht:
4 Würste	mit einem scharfen Messer der Länge nach einschneiden, aber nicht durchschneiden
Senf	die Schnittflächen mit Senf bestreichen
150 g Edamer Käse	in 4 cm lange Stücke schneiden, der Länge nach in die Wurstrille legen
4 Scheiben Schinkenspeck 8 Zahnstocher	um die Wurst legen und mit Zahnstochern feststecken
	im vorgeheizten Backofen bei 225 Grad 25-30 Minuten backen

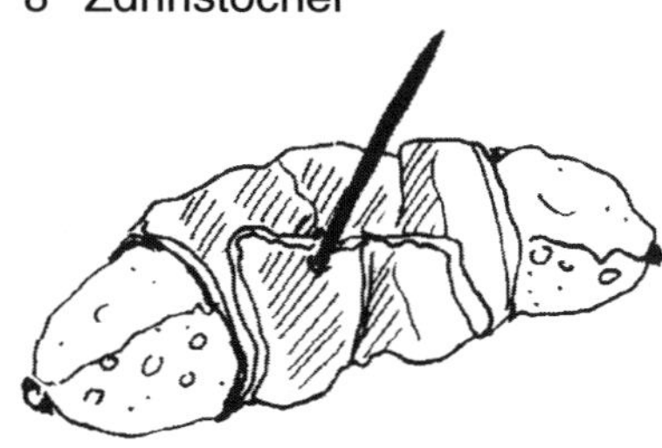

Tipp

Das schmeckt dazu:
Reis, Pommes frites, Polenta, Kartoffeln, Kartoffelsalat, Kartoffelbrei.

Wissen

Wurstmasse wird aus Fleisch hergestellt. Der Metzger füllt die Masse in ein Stück Darm. Es gibt natürliche und künstliche Darmhäute. Die natürlichen können mitgegessen werden. Die Haut hält die Wurst zusammen, gibt ihr Form und Halt.

Probiere & Entdecke

Durch den Senf, den Käse und den Schinkenspeck schmeckt die Wurst nach dem Backen anders. Was riechst du?

Gespickter Wurstring

Das wird gebraucht:	So wird´s gemacht:
1 Ring Fleischwurst	etwa alle 2 cm einschneiden, aber nicht durchschneiden, Wurstring auf ein eingefettetes Blech legen
einige Champignons ½ Zwiebel ½ gelbe Paprika 1 Tomate 1 Stück Zucchini 1 Stück Gurke 1 Scheibe Schinkenspeck	Gemüse und Speck in Scheiben schneiden, in die Einschnitte des Wurstrings stecken (in beliebiger Reihenfolge)
Öl	alles mit Öl bepinseln
	Backofen vorheizen,Wurstring auf mittlerer Schiene bei 180 Grad 20-30 Minuten backen

Wissen

Ein gespickter Wurstring ist schnell zubereitet und bei den Geburtstagsgästen sehr beliebt.

Beim Einkaufen fällt dir sicher auf, dass es sehr viele Wurstsorten gibt. Die Wurst wird aus Schweine-, Rind-, Kalb- oder Putenfleisch hergestellt. Es gibt aber auch Wurst aus Lamm- und sogar aus Pferdefleisch.

Gibt es eine Wurstsorte, die du besonders gerne magst? Welche ist es?

Hackfleischbällchen

Das wird gebraucht:	So wird´s gemacht:
1 Zwiebel	Schale entfernen, fein schneiden
1 kleine Stange Lauch	putzen, waschen, in dünne Ringe schneiden
½ Bund Petersilie	waschen, fein schneiden
20 g Margarine	zergehen lassen, Zwiebel und Lauch 5 Minuten andünsten, dann die Petersilie noch 2 Minuten mitdünsten
300 g Hackfleisch (Rind und Schwein) 2 Esslöffel Brotbrösel 1 kleines Ei ½ Teelöffel Salz (knapp) ½ Teelöffel Paprika 1 Messerspitze Pfeffer	alles zusammen mit Zwiebel und Lauch vermengen, Kugeln von 3-4 cm Durchmesser formen
Fett zum Ausbacken	in heißem Fett rundum knusprig braun anbraten

Hackfleischbällchen können warm und kalt gegessen werden.

Täglich verwenden wir Salz. Es ist ein wichtiges Würz- und Konservierungsmittel. Doch zu viel Salzkonsum ist nicht gesund. Heute ist Salz billig. Im Mittelalter wurde es „weißes Gold“ genannt. Die Herstellung von Salz war aufwendig und musste auf den „Salzstraßen“ oft über weite Strecken hertransportiert werden. Deshalb war Salz sehr teuer. Nun wird es vielleicht auch klar, wie es zu dem Ausspruch kommt: „Gesalzene Preise!“ Häufig wurden die Salzzüge von Räubern überfallen. Städtenamen wie Salzburg deuten darauf hin, dass es dort Salzvorkommen gab.

Das schmeckt dazu: Reis und Salat. Wer einen großen Appetit hat, braucht die doppelte Menge.

Schinkenbananen

Das wird gebraucht:	So wird´s gemacht:
4 Bananen (klein)	abschälen
4 Scheiben Schinken (gekocht)	die Bananen damit umwickeln, mit Zahnstochern oder Baumwollfäden festmachen
30 g Margarine	in der Pfanne heiß werden lassen, die Schinkenbananen hineinlegen und rundum anbraten

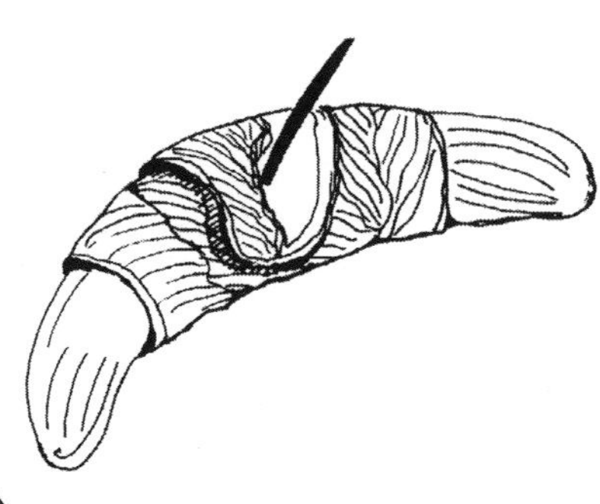

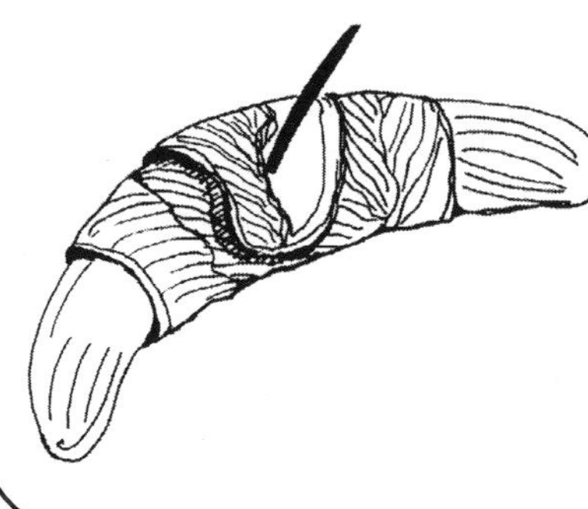

Probiere & Entdecke

Bananen lassen sich vielseitig verwenden und zubereiten. Am häufigsten werden sie roh gegessen. Wie sehen sie wohl nach dem Backen aus? Und wie werden sie schmecken?

Das Hauptanbaugebiet für Bananen ist Lateinamerika. Noch unreif werden sie geerntet und mit Spezialschiffen bei 12-14 Grad Wärme und mit einer Luftfeuchtigkeit von 80-95 % transportiert, dabei können sie ausreifen. Es gibt verschiedene Bananensorten. Bananen werden im Kühlschrank schwarz, sie „erfrieren“, denn sie brauchen viel Wärme.

Schnitzel

Das wird gebraucht:	So wird´s gemacht:
4 Schweineschnitzel	mit der Faust flach drücken
etwas Salz etwas Pfeffer	darüber streuen
2-3 Esslöffel Mehl	Schnitzel in Mehl wenden
1 Ei 1 Esslöffel Milch	verquirlen, Schnitzel in die Eimilch legen
3-4 Esslöffel Brotbrösel	anschließend die Schnitzel in die Brotbrösel drücken
30-40 g Fett	in heißem Fett von beiden Seiten anbraten

Die Schnitzel werden aus dem Rücken des Schweins herausgeschnitten.
Im Mittelalter konnten es sich nur die reichen Menschen leisten, öfters Fleisch zu essen. Die Armen – und davon gab es viele – aßen vorwiegend Getreidebrei oder Suppen aus Gerste, Hafer oder Hirse. Die meisten hatten Holzlöffel und aßen gemeinsam aus einer Schüssel.
Oft stand nur ein spitzes Messer zur Verfügung, das zum Zerteilen, Zuschneiden und Aufspießen verwendet wurde.

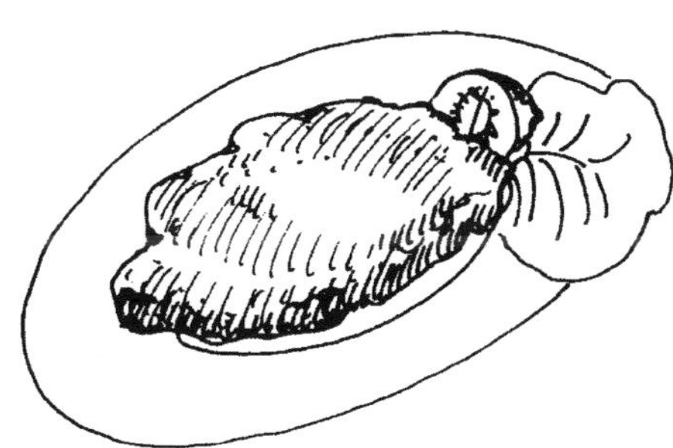

Gefüllte Wurstnestchen

Das wird gebraucht:	So wird´s gemacht:
300 g gemischtes Gemüse (tiefgefroren)	auftauen und zubereiten, wie es auf der Packung steht
4 Scheiben Fleischwurst (je 1 cm dick, mit Haut)	die Wurstscheiben in heißem Fett anbraten, bis sie sich nach oben wölben, herausnehmen, in die Mulde das heiße Gemüse füllen, damit es wie gefüllte Nestchen aussieht
etwas Schnittlauch	fein schneiden und darüber streuen

Die Haut muss an der Wurst bleiben. Nur so kann sich die Wurstscheibe zu einer Nestform wölben. Du kannst jede Art von Gemüse in das Nest füllen. Bunt sieht es besonders hübsch aus. Wenn du das Gemüse verfeinern möchtest, kannst du noch einen Esslöffel Crème fraîche dazugeben. Sahne und Sauerrahm eignen sich genauso gut. Probiere es mal aus.
Wie schmeckt das Gemüse ohne und mit Zugabe von Sahne oder Rahm? Verändert sich auch die Farbe des Gemüses oder nur die der Soße?

Fischgulasch

Das wird gebraucht:	So wird´s gemacht:
1 große Zwiebel	Schale entfernen, klein würfeln
2 Möhren	waschen, putzen, klein schneiden
1 Stange Lauch	waschen, in Streifen schneiden
30 g Butter oder Margarine	zergehen lassen und das Gemüse 5 Minuten darin andünsten
1 Esslöffel Mehl	Gemüse mit Mehl bestäuben, umrühren
250 g Tomaten	waschen, schneiden
⅛ Liter Wasser 1 Teelöffel Gemüsebrühewürze ½ Teelöffel Zitronensaft	Tomaten, Wasser und Gewürze dazugeben und 5 Minuten kochen lassen
350 g Schillerlocken (geräuchert)	in 2-3 cm lange Stücke schneiden, in die heiße Soße geben, noch einmal kurz aufkochen lassen
Salz	nachwürzen

Anstelle von Schillerlocken kannst du auch einen anderen Räucherfisch oder Fischfilet verwenden.

Schillerlocke ist ein geräucherter Aal ohne Gräten und Haut. Roher Fisch wird schnell schlecht. Durch das Räuchern wird er länger haltbar gemacht und bekommt auch einen besonderen Geschmack.
In Fischfachhandlungen kannst du noch andere Sorten von geräucherten Fischen kaufen, z. B. Forellen, Sardinen, Heilbutt, Heringe, Makrelen, Sprotten.

Lammkoteletts

Das wird gebraucht:	So wird´s gemacht:
8 Lammkoteletts	
2 Esslöffel Salbei (fein geschnitten) ½ Teelöffel Salz 1 Messerspitze Pfeffer 2 Esslöffel Zitronensaft	Marinade anrühren, die Koteletts damit von beiden Seiten bestreichen und 2 Stunden in eine Schüssel legen und zugedeckt stehen lassen
	Koteletts herausnehmen, mit Küchenpapier abtupfen
Olivenöl oder Fett	in der Pfanne von beiden Seiten anbraten

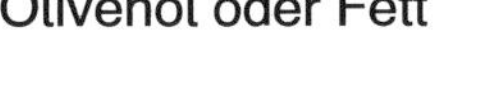

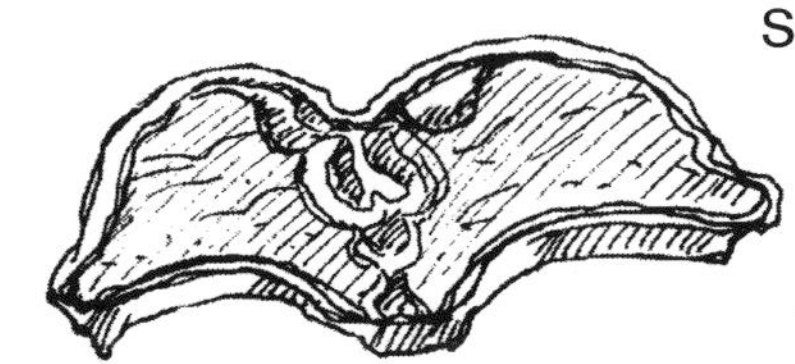

Lammfleisch ist das Fleisch von einem jungen Schaf. Es ist hell bzw. lachsfarben. Das Fleisch von älteren Schafen ist dunkler.
Aus dem Rückenteil werden die Koteletts herausgehackt. Wenn Lammfleisch ein bis zwei Tage in Marinade eingelegt wird, schmeckt es besonders gut.

Kotelett ist ein Wort, das aus dem Französischen kommt, und heißt auf Deutsch: Rippchen, Rippenstück oder Seitenstück.

Warm und süß

Warme Süßspeisen

Kirschenmännlein

Buchweizenküchlein

Aprikosenklöße

Sauerkirschauflauf

Apfelwaffeln

Honignudeln

Ofenschlupfer

Zwiebackauflauf

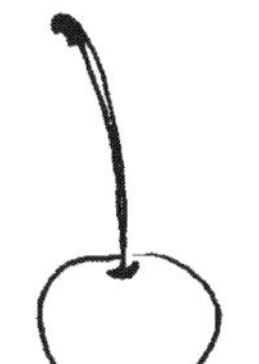

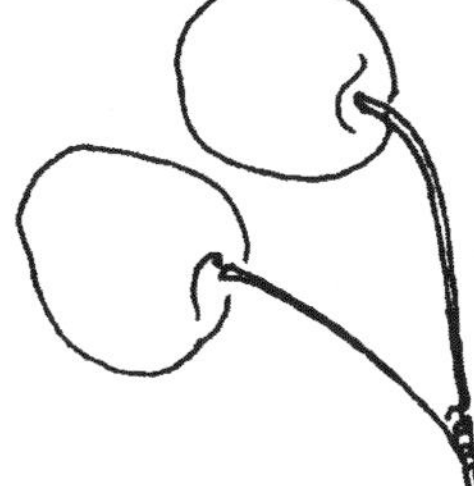

Kirschenmännlein

Das wird gebraucht:	So wird´s gemacht:
750 g Kirschen	waschen, entsteinen
100 g weiche Butter 75 g Zucker	Butter mit Zucker cremig rühren
4 Eigelb	Eigelbe einzeln dazurühren
1 Zitrone (ungespritzt)	Zitronenschale abreiben und Zitrone auspressen, beides dazurühren
100 g Brotbrösel 100 g geriebene Haselnüsse	Zutaten unter den Teig mengen
4 Eiweiß	zu Eischnee schlagen und unterrühren
	die Hälfte des Teigs in eine eingefettete Auflaufform geben, darauf die Kirschen und zum Schluss den restlichen Teig geben
	den Auflauf im vorgeheizten Backofen bei 175 Grad 30 Minuten backen

Fasse die Kirschen an. Fühle, wie glatt sie sind. Sind sie alle gleich rot?
Rieche an einer Kirsche. Iss eine Kirsche. Spürst du den Stein auf der Zunge? Unter der Zunge? In den Backentaschen? Zwischen den Lippen?

Wer kann die Kirschkerne am weitesten spucken?

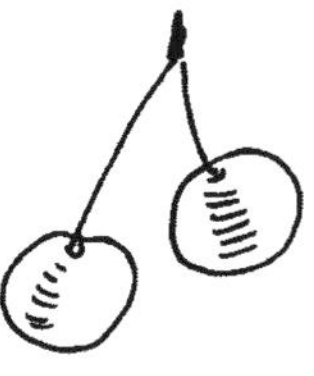

Buchweizenküchlein

Das wird gebraucht:	So wird´s gemacht:
1 Würfel Hefe ½ Liter lauwarme Milch 1 Esslöffel Zucker	Hefe zerbröckeln und mit Milch und Zucker verrühren, 30 Minuten zugedeckt gehen lassen
125 g Weizenmehl 375 g Buchweizenmehl 4 Eier 1 Messerspitze Salz	alles zusammen mit der Hefemilch verrühren, an einem warmen Platz nochmals gehen lassen bis sich der Teig verdoppelt hat
Öl oder Margarine	Fett in der Pfanne erhitzen, mit dem Esslöffel Teig in die Pfanne geben und Küchlein ausbacken

Versuche ein bisschen von der frischen Hefe. Was passiert alles mit der Hefe?
Zuerst ist sie ein Würfel, dann wird sie breiig und löst sich schließlich in der Milch auf. Nun kommt sie in den Teig und geht auf.
Siehst du die kleinen Bläschen?
In der Pfanne werden die Küchlein fest und knusprig. Schmeckst du beim Essen etwas von der Hefe?

Vergleiche die Buchweizenküchlein mit Pfannkuchen.

Aprikosenklöße

Das wird gebraucht:	So wird´s gemacht:
12-18 Aprikosen	waschen, abtrocknen, entsteinen
12-18 Würfelzucker	jede Aprikose mit einem Würfelzucker füllen, Aprikosenhälften zusammenfügen
500 g Magerquark 100 g Mehl 150 g feine Brotbrösel 2 Eier 2 Vanillezucker	alles zusammenkneten, den Teig 20 Minuten stehen lassen
	mit bemehlten Händen Kugeln formen, platt drücken, Aprikose darin einschlagen, Teig leicht andrücken und zu einem Kloß formen
2-3 Liter Wasser ½ Teelöffel Salz 1 Teelöffel Zucker	zum Kochen bringen, Aprikosenklöße hineingeben, 10 Minuten ziehen lassen, herausnehmen, auf eine Platte legen
50-100 g Butter 3 Esslöffel Brotbrösel	zergehen lassen, Brotbrösel darin rösten, bis sie hellbraun sind (ständig umrühren)
1-2 Esslöffel Zucker	die gerösteten Brotbrösel mit Zucker und Zimt vermischen, die Aprikosenklöße damit bestreuen

Du kannst auch 100-125 g Sesamkörner mahlen, diese mit einem Teelöffel Zimt und einem Esslöffel Zucker vermischen und über die Aprikosenklöße streuen.

Anstelle von Aprikosen kannst du auch Kirschen oder Zwetschgen nehmen.

Sauerkirschauflauf

Das wird gebraucht:	So wird´s gemacht:
1 kg Sauerkirschen (oder 1 Glas Kirschen ohne Saft)	waschen, entsteinen
2 Esslöffel Brotbrösel	eine Auflaufform mit Butter einfetten, mit Brotbröseln ausstreuen und die Sauerkirschen reinlegen
2 Eiweiß 2 Esslöffel Zucker	Eiweiß mit dem Zucker zu Eischnee schlagen
2 Eigelb 1 Vanillezucker 2 Esslöffel Zucker	Zutaten miteinander verrühren
100 g gemahlene Mandeln 1 Teelöffel Backpulver 2 Esslöffel Zucker	Zutaten vermischen und unter die Eigelbmasse und den Eischnee vorsichtig rühren, dann die Masse in die Auflaufform auf die Kirschen geben und verstreichen
50 g Mandelplättchen 1 Esslöffel Zucker 1 Teelöffel Zimt	Zutaten vermischen und auf die Teigmasse streuen
	den Auflauf im vorgeheizten Backofen bei 220 Grad 25-30 Minuten backen

Wusstest du, dass in Europa die meisten Kirschen gegessen werden?

Überlege dir einmal, wie hervorragend unser Gedächtnis funktioniert: Du hast Kirschen gegessen, sie haben dir geschmeckt und dein Gehirn hat dieses Wissen gespeichert. Siehst du nach einem Jahr oder auch später wieder Kirschen, so meldet dir dein Gehirn sofort, wie süß und saftig, wie aromatisch sie sind! Und so verhält es sich mit vielen anderen Dingen.

Apfelwaffeln

Das wird gebraucht:	So wird´s gemacht:
300 g Äpfel	schälen und fein würfeln
250 g weiche Margarine 1 Esslöffel Zucker 1 Vanillezucker 4 Eigelb	alles zusammen so lange rühren, bis der Zucker aufgelöst ist
75 g gemahlene Haselnüsse 1 Teelöffel Backpulver 175 g Vollkornmehl 100 g Mehl	Mehl mit Nüssen und Backpulver mischen, alles unter die Eimasse rühren
½ Liter Buttermilch	Buttermilch dazurühren
4 Eiweiß	zu Eischnee schlagen und mit den Äpfeln unter den Teig heben
Margarine zum Einfetten	das Waffeleisen vorheizen, mit dem Pinsel einfetten, portionsweise den Teig hineingeben und die Waffeln goldbraun backen
Puderzucker	zum Bestäuben

Ist der Teig zu fest, noch etwas Buttermilch hineinrühren. Frisch gebacken schmecken die Waffeln am besten. Durch die Buttermilch werden sie besonders knusprig.

Wenn du mal in ein Dorfmuseum kommst, dann sieh dich um, ob du unter den Küchengeräten ein altes Waffeleisen entdeckst. Es ist aus Gusseisen, sehr schwer und wurde über dem Feuer auf die offene Herdplatte gestellt und musste mit einem Holzstab (Rührlöffel) umgedreht werden, damit die Waffeln von beiden Seiten gebacken werden konnten.

Honignudeln

Das wird gebraucht:	So wird´s gemacht:
375 g Nudeln (Vollkorn) 2-3 Liter Wasser ½ Teelöffel Salz	Nudeln 8-10 Minuten bissfest kochen, Wasser abgießen
40 g Butter 100 g Honig 1 Zitrone (unbehandelt) 100 g gehackte Walnüsse 50 g Rosinen	Butter im Topf zergehen lassen, Honig, Zitronensaft und abgeriebene Zitronenschale, Rosinen und Walnüsse dazugeben und zu einer Soße verrühren die Honigsoße mit den Nudeln verrühren und gleich essen
Zimtzucker	darüber streuen

Dieses Rezept kommt aus Südtirol.

Zur Herstellung von Nudeln werden oft Eier verwendet. Im Alter von sechs Monaten beginnt die Henne mit ihrer Eierlegetätigkeit. Vom 7.–18. Monat legt sie ungefähr 300 Eier. Doch dann geht die Legetätigkeit derart stark zurück, dass die Hühner in den meisten Fällen geschlachtet und als Suppenhühner vermarktet werden.

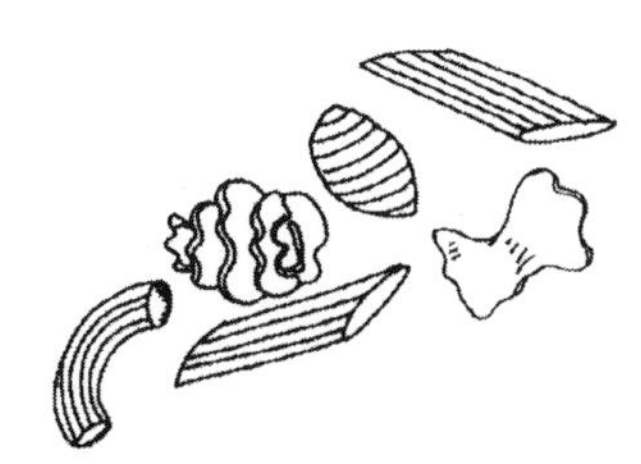

Ofenschlupfer

Das wird gebraucht:	So wird´s gemacht:
6 ältere Brötchen (Vollkorn)	in Scheiben schneiden
2 große Äpfel	schälen, Kernhaus entfernen, in feine Scheiben schneiden
75 g Rosinen 75 g gehackte Nüsse	Zutaten mit den Äpfeln vermischen
	in eine eingefettete Auflaufform schichten: 1 Lage Brotschnitten, 1 Lage Äpfel-Rosinen-Nüsse, 1 Lage Brotschnitten
2 Eier ¼ Liter Milch	miteinander verquirlen, über den Auflauf gießen und warten, bis die Eiermilch eingezogen ist
30 g Butter	in kleinen Stückchen auf dem Auflauf verteilen
	im vorgeheizten Backofen bei 175 Grad 40 Minuten backen

Was meinst du, was der Name „Ofenschlupfer“ bedeutet?
Befühle die Rinde und das Innere des Brötchens. Was ist weich und was ist hart?
Was duftet beim Backen so stark: die Äpfel oder das Brot?
Was schmeckt dir am besten: die harte Kruste, die Äpfel oder die weiche Brotmasse?

Zwiebackauflauf

Das wird gebraucht:	So wird´s gemacht:
12 Stück Vollkornzwieback	Zwiebackstücke mit Butter bestreichen, etwas zerbröckeln und in eine eingefettete Auflaufform schichten
½ Liter lauwarme Milch 1 Vanillezucker 2 Eigelb 2 Esslöffel Zucker	alles zusammen verquirlen, über den Zwieback gießen und etwa 20 Minuten warten, bis der Zwieback aufgeweicht ist
1 großes Glas Stachelbeeren (ohne Saft)	auf die Zwiebackmasse verteilen
2 Eiweiß 2 Esslöffel Zucker	zu Eischnee schlagen, Zucker dazugeben, die Eischneemasse über den Auflauf geben und verstreichen
	den Auflauf auf die unterste Schiene des vorgeheizten Backofens stellen und etwa 30 Minuten bei 175 Grad backen

Natürlich musst du keine Stachelbeeren verwenden, vielleicht magst du lieber Rhabarberkompott oder ein anderes Obst.

Weshalb ist Zwieback so rösch? Zerdrücke mal einen röschen und einen aufgeweichten Zwieback. Achte dabei auf das Geräusch.

Der Eischnee ist weich und weiß. Beim Backen wird er bräunlich und fest.

Zwieback heißt deshalb so, weil er zweimal gebacken wird. Beim zweiten Mal werden die Scheiben einzeln gebacken.

Nachspeisen

Bananenboote

Erdbeerjoghurt

Himbeeren mit Haferflocken

Rote Grütze

Buttermilchkaltschale mit Brombeeren

Gefüllte Wassermelone

Apfeljoghurt

Quarkcreme mit Weintrauben

Apfelkompott

Bratäpfel

Schokoladenbirnen

Obstsalat zur Winterzeit

Hafergrütze mit Äpfeln und Rosinen

Bananenboote

Das wird gebraucht:	So wird´s gemacht:
4 Bananen	der Länge nach durchschneiden
1 Zitrone (Saft)	die Schnittflächen der Bananen mit Zitronensaft beträufeln
200 g frische Himbeeren	auf die Schnittflächen der Bananen legen

Die Bananen werden braun, wenn sie geschält sind und über längere Zeit daliegen. Gibt man etwas Zitronensaft darauf, bleiben sie hell und appetitlich. Frisches Obst hat wunderschöne leuchtende Farben. Ob wir es wohl auch so gerne äßen, wenn es grau wäre und keine leuchtenden Farben hätte? Rieche an den Himbeeren, Bananen und am Zitronensaft.

Wie viele Himbeeren liegen auf einer Banane? Zähle sie mal!

Wir wünschen uns vor dem Essen:
„Guten Appetit!"
In England wünscht man sich:
„Enjoy your meal!" oder „Do start!"
In Italien: „Buon appetito!"
In Frankreich: „Bon appétit!"
In Spanien: „Buen provecho!"

Erdbeerjoghurt

Das wird gebraucht:	So wird´s gemacht:
500 g Erdbeeren	putzen, waschen,in kleine Stücke schneiden
1 Esslöffel Honig ½ Liter Joghurt ½ Zitrone (Saft)	Honig, Joghurt und Zitronensaft verrühren
	Erdbeeren auf vier Glasteller verteilen, Joghurtcreme darüber gießen
Kekse (oder Kokosmakronen)	zerbröckeln und darüber streuen

Nimm eine kleine Erdbeere in die Hand und versuche eine Faust zu machen, ohne dass dabei die Erdbeere kaputt geht.
Du kannst die Erdbeere auch im Hohlraum beider Hände halten. Und nun bewege die Hände in verschiedene Richtungen, nach oben, unten und seitlich. Was passiert mit der Erdbeere? Kannst du sie spüren?

Himbeeren mit Haferflocken

Das wird gebraucht:	**So wird´s gemacht:**
100 g kernige Haferflocken	in der eingefetteten Pfanne goldbraun rösten, dabei ständig umrühren, abkühlen lassen
250 g Himbeeren 1 Esslöffel Honig 1 Esslöffel Zitronensaft	zuerst Honig und Zitronensaft verrühren, dann die Himbeeren vorsichtig unterrühren
¼ Liter Sahne 1 Vanillezucker	Sahne mit Vanillezucker steif schlagen
⅛ Liter Sauerrahm	unter die Schlagsahne rühren
	schichtweise in eine Glasschale füllen: zuerst Haferflocken, dann Himbeeren, zum Schluss Sahnecreme

Es gibt Wald- und Gartenhimbeeren.
Waldhimbeeren wachsen wild, sind kleiner und süßer und haben ein intensiveres Aroma. Hast du schon mal welche probiert?
Himbeeren reifen bei uns in den Sommermonaten. Es gibt aber auch Sorten, die bis weit in den Herbst hinein geerntet werden können.

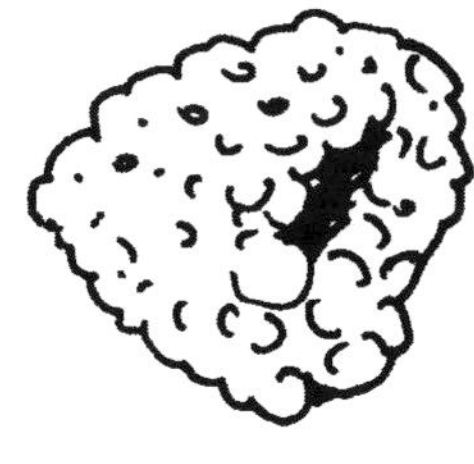

Rote Grütze

Das wird gebraucht:	**So wird´s gemacht:**
125 g Himbeeren 125 g Johannisbeeren 125 g Stachelbeeren	waschen, abzupfen
125 g süße Kirschen	waschen, entsteinen
⅛ Liter Wasser	Wasser mit dem Obst aufkochen
75 g Zucker 1 Vanille-Puddingpulver 3 Esslöffel Wasser	Zucker und Puddingpulver vermischen, mit dem Wasser anrühren, in den kochenden Obstbrei einrühren, einmal aufkochen
	etwas abkühlen lassen, in eine große Glasschüssel füllen, die vorher mit kaltem Wasser ausgespült wurde
	ist die Grütze kalt und fest, kann sie gestürzt werden

Vanillesoße oder süße Sahne schmeckt besonders gut dazu. Du kannst auch andere Beeren oder Sauerkirschen nehmen.

Kannst du die Beeren in der Grütze erkennen und schmecken?

Buttermilchkaltschale mit Brombeeren

Das wird gebraucht:	So wird´s gemacht:
1 Liter Buttermilch 2 Esslöffel Honig 1 Esslöffel Zitronensaft	alles zusammen mit dem Schneebesen kräftig schlagen
400 g Brombeeren	waschen, in die Buttermilch geben
Cornflakes	in den Teller geben
	Buttermilchkaltschale darüber gießen

Anstelle von Brombeeren können auch andere Beeren verwendet werden:
Erdbeeren, Himbeeren, Johannisbeeren oder Stachelbeeren.

Was wird alles aus Milch hergestellt?
Eine Kuh gibt im Jahr etwa 6.000 Liter Milch und kann an ca. 300 Tagen gemolken werden. Die restlichen Tage (das sind die Tage vor der Geburt eines Kälbchens) steht sie „trocken", wird also nicht gemolken.
Nur durch die Geburt eines Kälbchens ist diese jährliche Milchleistung erst möglich.

Gefüllte Wassermelonen

Das wird gebraucht:	So wird´s gemacht:
1 Wassermelone (mittelgroß)	halbieren, mit einem Löffel das Fruchtfleisch herausnehmen, Kerne entfernen, Fruchtfleisch würfeln, einen Zackenrand in die Melonenhälften schneiden
10 Zwetschgen	waschen, entsteinen
2 Äpfel 2 Birnen	waschen, entkernen, würfeln
250 g grüne Trauben	waschen, abzupfen, halbieren
250 g Beeren	waschen
1-2 Zitronen (Saft) 2 Esslöffel Honig	Melonenwürfel und restliches Obst mit Zitronensaft und Honig mischen, 30 Minuten durchziehen lassen
	den Obstsalat in die ausgehöhlten Melonenhälften füllen

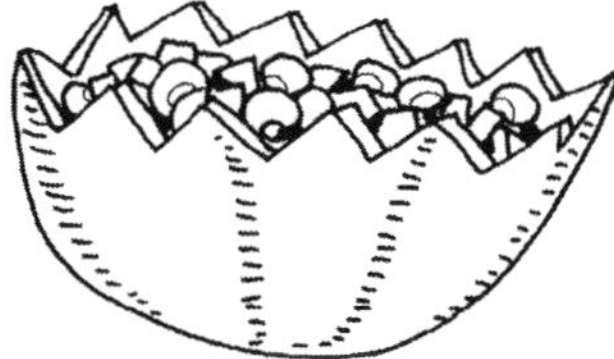

Es sieht hübsch aus, wenn du ringsherum die Melone mit Blättern von Beerensträuchern garnierst.

Wer hat Lust die Melonenkerne zu zählen?
Schätze mal, wie schwer die Melone ist, was sie wiegt? Vergleiche sie mit einer Weintraube.
Berieche alle Obstsorten mit geschlossenen Augen. Kannst du die Obstsorten allein am Geruch erkennen?

Apfeljoghurt

Das wird gebraucht:

500 g Vanillejoghurt
1 Zitrone (Saft)
1-2 geriebene Äpfel

So wird´s gemacht:

Joghurt, Zitronensaft und geriebene Äpfel miteinander vermischen

gleich aufessen und nicht stehen lassen

Quarkcreme mit Weintrauben

Das wird gebraucht:

500 g Sahnequark
1 Päckchen Vanillezucker
⅛ Liter Milch
½ Zitrone (Saft)
1-2 Esslöffel Honig

So wird´s gemacht:

alles zusammenrühren

250 g kernlose Trauben

waschen, abzupfen, Weintrauben unter die Quarkmasse rühren, einige Weintrauben zum Garnieren zurückbehalten

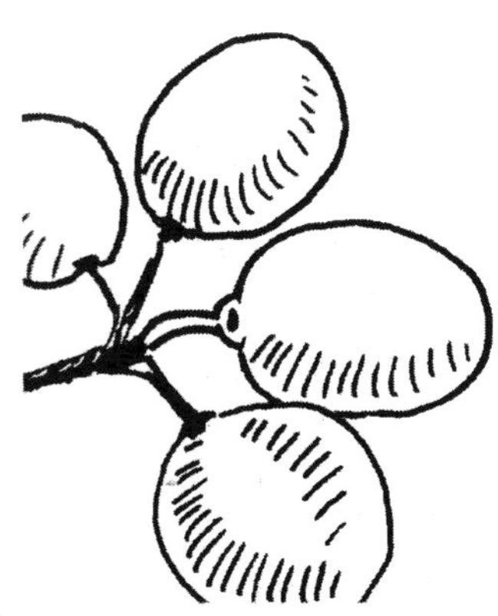

So kannst du selbst Vanillezucker herstellen: Nimm eine Vanilleschote und gib sie in ein Glas mit Zucker. Dann schraube den Deckel zu. Nach einigen Tagen hast du feinen Vanillezucker.
Vanille wird zur Verfeinerung von Süßspeisen, Kuchen, Gebäck und Eis verwendet.

Vanille sei die Königin der Gewürze, behaupten manche Menschen. Die Vanillepflanze gehört zu den Kletterorchideen.
Es dauert vier Jahre, bis die ersten Früchte wachsen. Die grünen Schoten werden gepflückt, in kochendes Wasser getaucht und in Tüchern getrocknet. Dabei entsteht die schwarze Farbe der Schote, der köstliche Duft und der feine Geschmack.
Das Ursprungsland der Vanille ist Mexiko. Die Azteken waren große Freunde des Vanillegewürzes. Heute wird die Vanillepflanze vorwiegend in Madagaskar angebaut.

Kernlose Weintrauben sind kleiner. Ihre Schale ist dünn und der Saft ist ausgesprochen süß. In Deutschland wachsen die Reben nur in Gegenden, wo es warm und mild ist, meist an Südhängen. Am Bodensee und in der Oberrheinischen Tiefebene gedeihen die Weinstöcke sogar im Flachland. Aus Trauben werden Wein und Saft hergestellt. Wenn die Trauben geerntet werden, nennt man das Weinlese. Die Menschen, die die Reben kultivieren, heißen Winzer und in vielen Weinanbaugebieten gibt es eine Weinkönigin, die jedes Jahr neu gewählt wird.
Auf dem Weinfest wird die Auserwählte feierlich zur Weinkönigin gekrönt. Dazu tanzt man einen alten Volkstanz, den Winzertanz.

Apfelkompott

Das wird gebraucht:	So wird´s gemacht:
1 kg Äpfel	waschen, schälen, Kernhaus ausstechen, in schmale Stücke schneiden
¼ Liter Wasser ½ Zitrone (Saft) ½ Stange Zimt	Wasser, Zitronensaft und Zimt gemeinsam aufkochen
	Apfelstücke darin weich kochen
	abkühlen lassen, Zimtstange herausnehmen
1-2 Teelöffel Honig	unterrühren

Das Apfelschälen erfordert schon etwas Handgeschick. Schon ein Pflaster, ein Verband oder gar ein Gips behindert die Handarbeit. Versuche mal mit einer Hand auszukommen und Äpfel zu schälen. Wie lange hältst du durch?
Den meisten Platz in deinem Großhirn, das für die Bewegung zuständig ist, beanspruchen das Gesicht, die Zunge und die Hände, und da besonders der Daumen.

Bratäpfel

Das wird gebraucht:	So wird´s gemacht:
8 mittelgroße Äpfel	waschen, Kerngehäuse ausstechen
40 g weiche Butter 1 Teelöffel Honig 1 Vanillezucker 75 g gemahlene Haselnüsse	alle Zutaten zusammenkneten, zu 8 Kugeln formen, die Kugeln in die Apfelaushöhlung drücken
	Äpfel in eine eingefettete Auflaufform setzen und im vorgeheizten Backofen bei 175 Grad 40 Minuten backen

Du kannst die Äpfel auch mit einer festen Fruchtmarmelade füllen.

Schau mal durch den Apfeltunnel. Jetzt wird er mit der Nusskugel zugestopft. Was riecht stärker: der Apfel oder die Nusskugel? Hörst du die Äpfel im Ofen brutzeln? Der gebratene Apfel schmeckt ganz anders als zuvor. Nach dem Backen sieht er sehr runzelig aus.

Weißt du, dass in und unter der Schale die meisten Nährstoffe sind? Weißt du auch, dass es etwa 20.000 Apfelsorten gibt?

Schokoladenbirnen

Das wird gebraucht:	So wird´s gemacht:
4 große Birnen	schälen, halbieren, Kerngehäuse entfernen
¼ Liter Wasser 1-2 Esslöffel Zucker	Wasser und Zucker aufkochen, die Birnen darin weich kochen, herausnehmen
100 g Bitterschokolade	in einem Topf langsam schmelzen lassen
1 Becher Sahne	zur geschmolzenen Schokolade dazurühren
	die Birnenhälften mit der Schnittfläche nach unten auf Glasteller verteilen, die Schokoladensoße darüber gießen

Es gibt viele verschiedenen Birnensorten, z. B.: Butterbirne, Apothekerbirne, Konferenzbirne, Gräfin von Paris, Honigbirne, Schnapsbirne, Wasserbirne, Pastorenbirne. Kennst du noch andere Birnensorten? Erfinde selbst mal originelle Birnennamen.

Obstsalat zur Winterzeit

Das wird gebraucht:	So wird´s gemacht:
2 Orangen 2 Birnen 2 Bananen 2 Äpfel	abschälen, würfeln
8 Feigen	würfeln
200 g Walnüsse (ganz)	aufknacken, Nuss herausnehmen
1 Zitrone (Saft) 50 g Rosinen	Zitronensaft und Rosinen zusammen mit den Nüssen unter das Obst mischen
	zudecken und 1 Stunde ziehen lassen

Nimm von jeder Obstsorte ein Stückchen in den Mund, schließe die Augen und lasse es ein bisschen länger in der Mundhöhle, um besser unterscheiden zu können. Welche Obstsorte ist am süßesten, welche ist am sauersten?

Achte auch darauf, welche Obstsorte am schwersten zu schneiden ist. Entstehen beim Schneiden auch unterschiedliche Geräusche?

Ratespiel:
Ein Spieler hat die Augen geschlossen und hält sich die Nase zu. Jemand steckt ihm ein Stückchen Obst in den Mund und er muss erraten, was es ist.

Irene Wirth: Kochen lernen in der Schule · Best.-Nr. 414

Hafergrütze mit Äpfeln und Rosinen

Das wird gebraucht:	So wird´s gemacht:
½ Liter Milch 1 Messerspitze Salz	zum Kochen bringen
100 g Haferflocken	in die kochende Milch hineinrühren, 15 Minuten leicht kochen lassen, 20 Minuten aufquellen lassen
1-2 Esslöffel Honig 2-3 geriebene Äpfel 1 Teelöffel Zimt 1 Zitrone (Saft)	alle Zutaten hineinrühren

Hafer wird vorwiegend als Viehfutter verwendet. Pferde, die viel Hafer fressen, bekommen Kraft und ein schönes glänzendes Fell.

Haferflocken werden aus gepresstem Hafer gewonnen. Sie steigern die körperliche und geistige Leistung, also auch die Konzentration und Lernfähigkeit.
Müsliprodukte haben einen hohen Anteil an Haferflocken und sind gerade deshalb für Schulkinder besonders wichtig.

Pikantes Gebäck

Sommerpizza

Heißes Kräuterbrot

Käsegebäck

Pizzinchen aus Kartoffelteig

Schinkenhörnchen

Partybrötchen

Teigtaschen mit Bratwurstfülle

Champignonpizza

Französische Käsetorte

Sommerpizza

Das wird gebraucht:	So wird´s gemacht:
200 g Quark 1 Teelöffel Salz (knapp) 6 Esslöffel Milch (etwa) 6 Esslöffel Öl 1 Ei	alle Zutaten zusammen verrühren
400 g Mehl (Vollkorn) 1 Päckchen Backpulver	Backpulver mit Mehl vermischen, unter den Quarkteig kneten
	Teig ausrollen und auf ein eingefettetes Kuchenblech legen
2 große Zucchini 8-10 Tomaten	waschen, in Scheiben schneiden
	abwechselnd 1 Scheibe Zucchini, 1 Scheibe Tomate fächerartig auf den Teigboden legen
Basilikum	darüber geben
100 g geriebener Pizzakäse	auf das Gemüse streuen
	im vorgeheizten Ofen bei 200 Grad 40 Minuten backen
1 Bund Schnittlauch	fein schneiden und darüber streuen

1.000 Weizenkörner wiegen etwa 45 Gramm. Wie viel wiegen 500 Weizenkörner? Oder wie viele Weizenkörner sind 450 Gramm? Erfinde selbst ähnliche – leichtere und schwierigere – Rechenaufgaben.

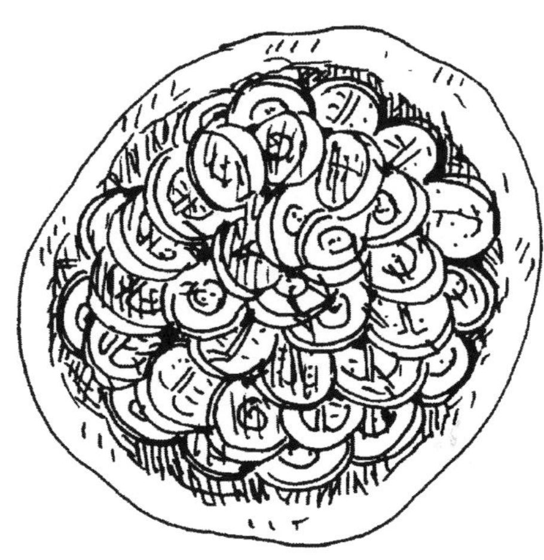

Heißes Kräuterbrot

Das wird gebraucht:	So wird´s gemacht:
1 französisches Weißbrot (Baguette)	mit einem scharfen Messer etwa in 2-3 cm Abständen das Weißbrot einschneiden, aber nicht durchschneiden
150 g weiche Butter	glatt rühren
¼ Teelöffel Salz ¼ Teelöffel Kräutersalz 1 Messerspitze Pfeffer ½ Teelöffel Zitronensaft 1-2 Tassen Kräuter (fein gehackt)	alle Zutaten mit der Butter verrühren, die Innenseiten des eingeschnittenen Brotes damit bestreichen
	Kräuterbrot bei 125 Grad 15 Minuten im Backofen heiß werden lassen

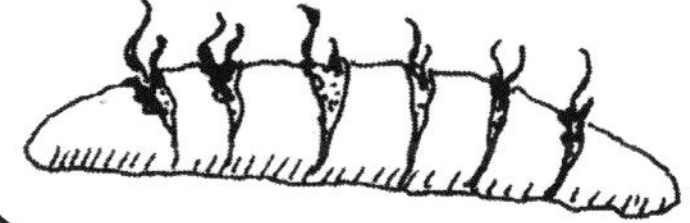

Das Brot heiß essen. Als Kräuter eignen sich Petersilie, Dill, Schnittlauch, Kerbel, Basilikum usw.

Im Backofen wird die Kräuterbutter heiß und flüssig. So kann sie besser in das Brot eindringen und die Kräuter und Gewürze können ihr volles Aroma entwickeln.

Käsegebäck

Das wird gebraucht:	So wird´s gemacht:
200 g Emmentaler Käse	reiben
200 g Butter 250 g Mehl (Vollkorn) ¼ Teelöffel Salz	alle Zutaten mit dem Käse zu einem Teig verkneten, den Teig 1 Stunde kühl stellen
	dann den Teig bis zu einer Dicke von ½ cm ausrollen, kleine Rechtecke ausschneiden, auf das Blech legen
2 Eigelb 1 Esslöffel Milch	miteinander verquirlen und das Käsegebäck damit bestreichen
Paprikapulver oder Sesamkörner	darüber streuen
	im vorgeheizten Backofen bei 200 Grad 15-20 Minuten hellgelb backen

Beim Essen entstehen Geräusche. Halte dir die Ohren zu, denn dann sind die Essgeräusche noch deutlicher zu vernehmen. Verfolge so einen ganzen Vorgang vom Biss übers Kauen bis hin zum Hinunterschlucken des Salzgebäcks.

Pizzinchen aus Kartoffelteig

Das wird gebraucht:	So wird´s gemacht:
600 g Kartoffeln	waschen, weich kochen, abschälen, zerdrücken oder durch die Kartoffelpresse drücken
400 g Mehl (Vollkorn) ½ Teelöffel Salz 2 Eier	Zutaten mit den Kartoffeln verkneten
	aus dem Teig 10 Kugeln formen, dann zu runden Fladen von 10 cm Durchmesser flach drücken, auf das Backblech legen (Backpapier unterlegen)
3-4 Esslöffel Öl	Fladen mit Öl bepinseln
500 g Tomatenscheiben 150 g Salamischeiben	die Fladen (Pizzinchen) damit belegen
Oregano oder Basilikum	darüber streuen
150-175 g Pizzakäse (gerieben)	auf die Pizzinchen streuen
	im vorgeheizten Backofen bei 200 Grad 25 Minuten backen

Anstelle von Salami kannst du auch rohen Schinken oder eine andere Wurstsorte nehmen. Ausprobieren macht Spaß!

Weißt du, dass die Zähne beim Essen Schwerstarbeit leisten?
Bei welcher Art von Gemüse müssen sich die Zähne besonders anstrengen?
Gibt es Möglichkeiten, das Gemüse so zuzubereiten, dass die Zähne weniger Arbeit haben?
Was kannst du unternehmen, damit deine Zähne weiterhin gesund bleiben?

Schinkenhörnchen

Das wird gebraucht:	So wird´s gemacht:
300 g Blätterteig (tiefgekühlt)	auftauen lassen
175 g gekochter Schinken ½ Bund Petersilie 1 Zwiebel	fein schneiden
20 g Butter	zergehen lassen, Zwiebel andünsten, Schinken 5 Minuten mitdünsten, Petersilie 2 Minuten mitdünsten, alles abkühlen lassen
	Blätterteig auf einer bemehlten Unterlage rechteckig ausrollen, in längliche Dreiecke schneiden, 1 Teelöffel Schinkenfülle in die Mitte geben und von der längsten Dreiecksseite zur Spitze hin aufrollen, zu Hörnchen formen und auf das Backblech legen (Backpapier unterlegen)
1 Eigelb 1 Esslöffel Dosenmilch	miteinander verquirlen und die Hörnchen damit bestreichen
	im vorgeheizten Backofen bei 225 Grad 20 Minuten backen

Gleich nach dem Backen schmecken die Schinkenhörnchen am besten.

Auch Feste feiern ist wichtig! Jedes Land, jede Kultur und jede Religion haben eigene Feste. Meist sind die Feste Ausdruck des Dankes für eine gute Ernte, z. B. Erntedankfest, Weinfest, Hopfenfest, Salzsiederfest und Kirchweih.

Häufig sieht man bei solchen Anlässen Frauen und Männer in alten Volkstrachten, die Tänze zeigen oder in prunkvollen Umzügen etwas von alten Bräuchen und Sitten übermitteln.

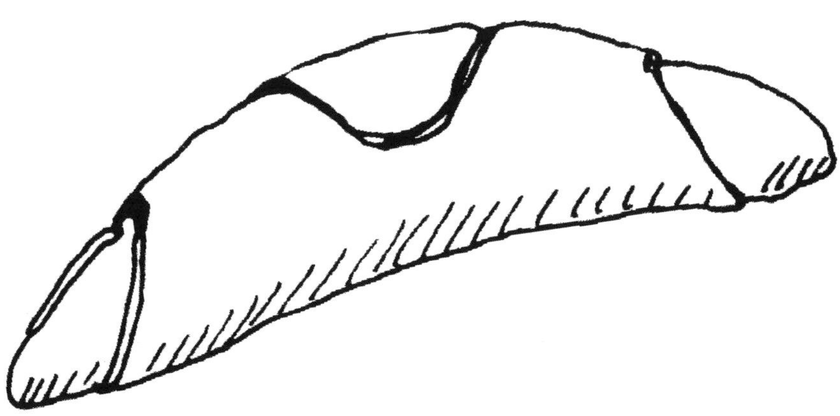

Partybrötchen

Das wird gebraucht:	**So wird´s gemacht:**
450 g Weizenmehl 350 g Roggenmehl 250 g Magerquark 1 Esslöffel Salz (knapp) 1½ Teelöffel Zucker	alle Zutaten in eine Rührschüssel geben
½ Liter Buttermilch (knapp)	leicht anwärmen
2 Würfel Hefe (80 g)	Hefe zerbröckeln, kräftig mit der Buttermilch verrühren
	Buttermilch mit aufgelöster Hefe unter Quarkmehlmasse rühren, zu einem festen, elastischen Teig zusammenkneten
	Teig zudecken und an einem warmen Platz 20-30 Minuten gehen lassen
	Teig nochmals durchkneten
	aus dem Teig gleich große Kugeln formen, auf ein eingefettetes Backblech legen, Kugeln zudecken, nochmals 10 Minuten gehen lassen
etwas Buttermilch	die Brötchen damit bestreichen
	Backofen auf 230 Grad vorheizen, eine Tasse mit heißem Wasser in den Ofen stellen, Brötchen 12-15 Minuten backen, Wassergefäß herausnehmen, dann die Brötchen noch 5-8 Minuten backen

Tipp

Du kannst vor dem Backen auch Kümmel, Sesam, Haferflocken oder Sonnenblumenkerne auf die Brötchen streuen.

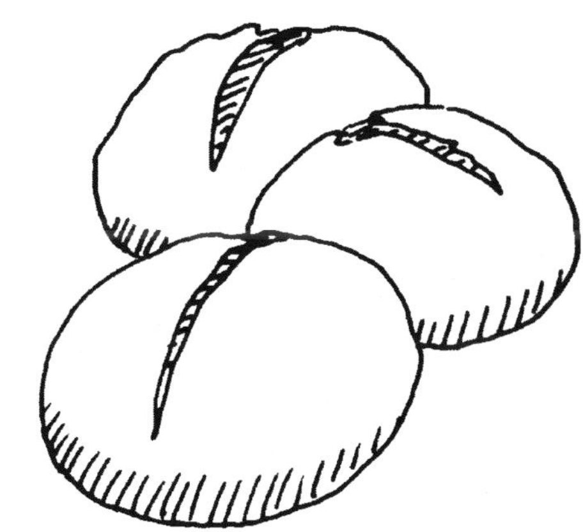

Der Eier-Frische-Test:
Fülle ein Gefäß (mindestens 10 cm hoch) mit Wasser und lege das Testei hinein.

Liegt das Ei am Boden, ist es ganz frisch

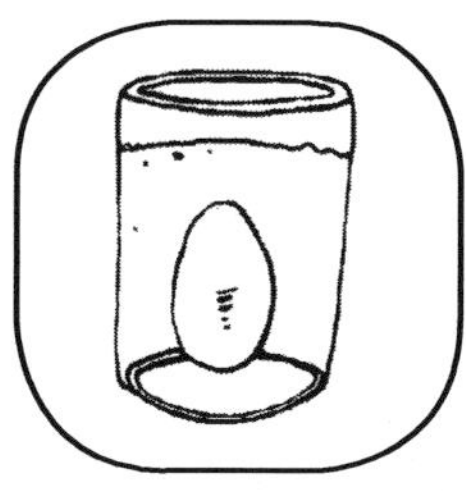

Nicht mehr ganz frisch, aber noch gut.

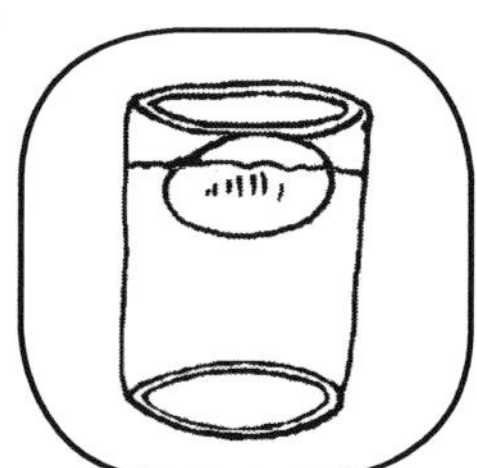

Wenn es oben schwimmt, sollte es nicht mehr gegessen werden.

Teigtaschen mit Bratwurstfülle

Das wird gebraucht:	So wird´s gemacht:
¼ Liter Milch 75 g Butter 20 g Hefe 1 Messerspitze Zucker ½ Teelöffel Salz 1 Ei	die Milch mit der Butter leicht erwärmen, Salz, Zucker, Ei, Hefe einrühren, kräftig umrühren
500 g Mehl	etwas Mehl dazurühren, dann das übrige Mehl unterrühren, durchkneten, bis der Teig glatt und geschmeidig ist, 40 Minuten zugedeckt gehen lassen
1 Bund Frühlingszwiebeln	waschen, putzen, fein schneiden
20 g Butter	zergehen lassen, die Frühlingszwiebeln 5 Minuten darin andünsten
250 g Bratwurstbrät	mit den Frühlingszwiebeln verrühren
	den Hefeteig bis zu einer Dicke von ½ cm ausrollen, in Rechtecke schneiden, ½ Esslöffel Bratwurstfülle darauf geben, übereinander klappen, Ränder fest andrücken, auf das Backblech legen (Backpapier unterlegen)
1 Eigelb 1 Esslöffel Milch	miteinander verquirlen und die Teigtaschen bestreichen
	im vorgeheizten Backofen bei 200 Grad 20-25 Minuten backen

Anstelle von Frühlingszwiebeln kannst du auch eine Stange Lauch nehmen.

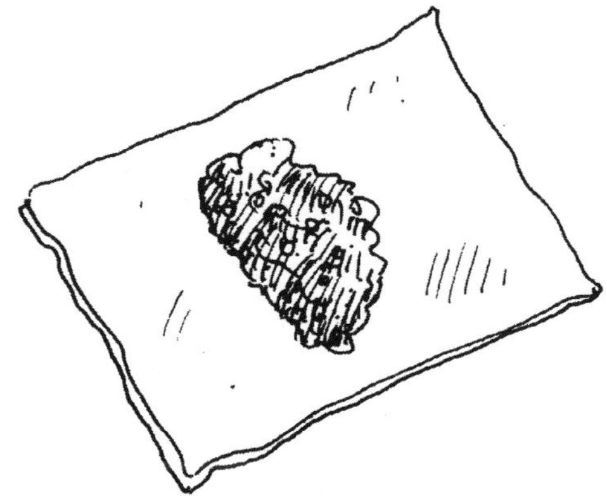

Champignonpizza

Das wird gebraucht:	**So wird´s gemacht:**
400 g Mehl (Vollkorn) ¼ Liter Milch (knapp) 50 g Margarine 20 g Hefe ½ Teelöffel Salz 1 Messerspitze Zucker 1 Ei	Milch mit Margarine leicht erwärmen, Salz, Zucker, Ei, Hefe und etwas Mehl unterrühren, dann das übrige Mehl unterkneten, anschließend den Teig 30 Minuten an einem warmen Platz zugedeckt gehen lassen, später Teig ausrollen und auf ein eingefettetes Backblech legen, zudecken und nochmals 20 Minuten gehen lassen
500 g Champignons	putzen, waschen, in dünne Scheiben schneiden, den Teigboden damit belegen
3 Frühlingszwiebeln 1 Bund Schnittlauch	fein schneiden, über die Champignons streuen
1 Ei 2 Becher Crème fraîche ½ Teelöffel Salz 1 Teelöffel Zitronensaft etwas Pfeffer	alles miteinander verquirlen und vorsichtig über die Pizza gießen
100 g geriebener Pizzakäse	darüber streuen und die Pizza im vorgeheizten Backofen bei 225 Grad 35 Minuten backen

Anstelle von Pilzen kannst du auch Zucchini in Scheiben schneiden und die Pizza damit belegen.

Wusstest du, dass gekochte Eier sich ganz anders als rohe Eier verhalten, obwohl sie genauso aussehen? Du kannst es testen.
Nimm zwei Eier, ein gekochtes und ein rohes. Jetzt drehe beide wie einen Kreisel auf der Tischplatte. Das Ei, das sich länger dreht, ist das gekochte. Du kannst mit dem Sekundenzeiger der Uhr messen, wie unterschiedlich lange sie sich drehen. (Die feste Eimasse des gekochten Eis bewirkt einen längeren Drehvorgang als die flüssige Eimasse des rohen Eis.)

Französische Käsetorte

Das wird gebraucht:	**So wird´s gemacht:**
200 g Mehl (Vollkorn) 125 g trockener Magerquark 125 g Margarine 1 Teelöffel Backpulver	alle Zutaten zusammenkneten, den Teig 30 Minuten kühl stellen
125 g gekochter Schinken 150 g milder Hartkäse	in feine Streifen schneiden
¼ Liter Sauerrahm ½ Teelöffel Paprikapulver 1 Messerspitze Salz 2 Eier	alles miteinander verquirlen
	Teig ausrollen, in die eingefettete Kuchenform legen, einen Rand von 3-4 cm hochdrücken, Käse und Schinken darauf verteilen, Rahm-Eiermasse darüber gießen
	30-40 Minuten bei 210 Grad im vorgeheizten Backofen backen, warm essen

Gib einem Kind, das nicht die Zutaten kennt, ein bisschen vom rohen Teig zum Probieren. Schafft es das Kind, einige Teigzutaten zu nennen?

Zum Essen gehört das Genießen. Nimm einen Bissen in den Mund, schließe deine Augen, kaue langsam – und genieße.

Süßes Gebäck

Rosinenbrötchen

Hahnenkämme

Apfelstrudel

Osterschäfchen mit Streuseln

Kleine Osterhasen

Gebackene Osternestchen

Apfelsaftkuchen

Haferflockenplätzchen

Flachswickel

Amerikaner

Gebackene Buchstaben

Gefüllte Halbmonde

Marzipankartoffeln

Weihnachtsbrezeln

Schokoladenplätzchen

Zum Frühstück,
am Nachmittag,
zum Geburtstag,
zu Festen
usw.

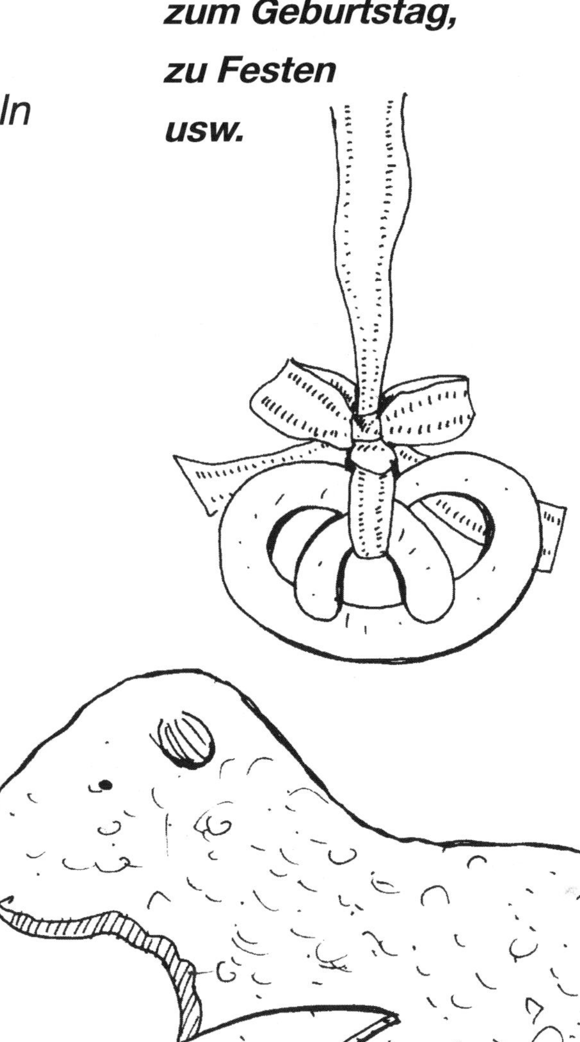

Rosinenbrötchen

Das wird gebraucht:	So wird´s gemacht:
1 Würfel Hefe (40 g)	zerbröckeln
1 Teelöffel Zucker ⅙ Liter Wasser ⅙ Liter Sahne	Wasser und Sahne leicht erwärmen, Zucker und Hefe dazurühren
800 g Mehl (Vollkorn) ½ Teelöffel Salz 100 g weiche Butter 200 g Rosinen	alle Zutaten mit der Hefemischung verkneten
	den Teig zugedeckt 30 Minuten gehen lassen, noch einmal durchkneten, ca. 20-30 gleich große Brötchen daraus formen, auf zwei eingefettete Backbleche legen und zugedeckt 15-20 Minuten gehen lassen
1 Ei	verquirlen und die Brötchen damit bestreichen
	im vorgeheizten Backofen bei 225 Grad etwa 20 Minuten backen

Hefe ist ein lebendiger Pilz. Sie ernährt sich von Zucker. Ihre „Ausatemluft“ bleibt im Teig und erzeugt die Bläschen. Der Teig wird locker, treibt und geht auf.
Zugluft mag der Hefeteig nicht. Er muss immer zugedeckt werden, sonst wird er spröde und rissig an der Oberfläche. Mehl darf dabei nie fehlen, sonst gehen die Hefepilze kaputt.
Werden größere Mengen von Salz oder Fett beigegeben, braucht der Teig zum Aufgehen länger.

Hahnenkämme

Das wird gebraucht:	So wird´s gemacht:
300 g Blätterteig (tiefgekühlt)	auftauen lassen
150 g Nüsse (gemahlen) 6 Esslöffel Sahne 1 Esslöffel Zitronensaft 2 Esslöffel Zucker	zusammenrühren
1 Eigelb 1 Esslöffel Sahne	miteinander verquirlen
	Teigplatte ausrollen, 12 Quadrate von je 10×10 cm ausschneiden, die Randseiten mit der Ei-Sahne bestreichen, in die Mitte des Quadrats etwas Nussfülle geben, die eine Hälfte über die andere klappen, Ränder festdrücken und mit dem Messer gleichmäßige Einschnitte machen, Hahnenkämme etwas auseinander ziehen, auf das Kuchenblech legen, mit Ei-Sahne bestreichen, 15-20 Minuten bei 220 Grad im vorgeheizten Backofen backen

Bei Blätterteiggebäck das Backblech nicht einfetten, sondern mit kaltem Wasser abspülen!

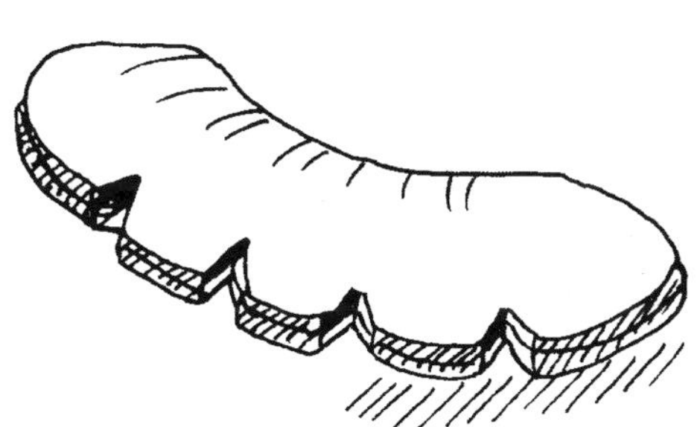

Apfelstrudel

Das wird gebraucht:

300 g Mehl (gesiebt)
2-3 Esslöffel Öl
1 Messerspitze Salz
1 Teelöffel Zitronensaft
⅛ Liter lauwarmes Wasser

So wird´s gemacht:

Mehl auf das Backbrett geben, Mulde eindrücken, Salz, Zitronensaft, Öl und Wasser hineingeben, alle Zutaten zusammenkneten bis der Teig glatt und geschmeidig ist

dann den Teig 10 Minuten auf die Tischplatte schlagen, eine angewärmte Schüssel darüber decken, den Teig 30 Minuten ruhen lassen

1½ kg säuerliche Äpfel

schälen, Kerngehäuse ausstechen, in dünne Scheiben schneiden

1 Zitrone (Saft)
60 g Zucker
100 g Rosinen
1 Teelöffel Zimt

alle Zutaten miteinander vermischen und unter die Apfelscheiben mengen

die Hälfte des Teigs dünn ausrollen

75 g zerlassene Butter
50 g Brotbrösel

die Hälfte der zerlassenen Butter auf den Teigfladen streichen, die Hälfte der Apfelmenge darauf verteilen, die Hälfte der Brotbrösel darüber streuen, den Fladen vorsichtig aufrollen, auf ein mit Backpapier ausgelegtes Kuchenblech legen

Öl

mit Öl bepinseln

die zweite Hälfte genauso herstellen

beide Strudel im vorgeheizten Backofen bei 200 Grad 30 Minuten backen

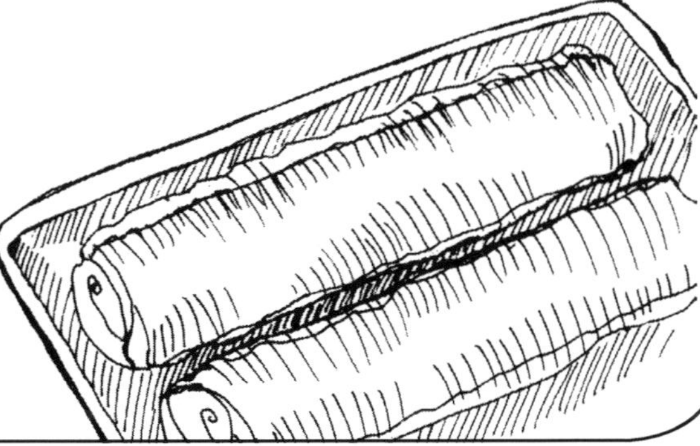

Versuche den Strudel auch mal mit Birnen zu backen.

Wie viele Apfelsorten kennst du?

Die Apfelsorten haben teilweise ganz ausgefallene Namen wie Kaiser Wilhelm, Himbeerapfel, Pfannkuchenapfel, Riesenboiken, Geflammter Kardinal, Apollo, Rheinischer Krummstiel und Prinzenapfel.

Jede Sorte hat ihren eigenen Geschmack und ihr eigenes Aussehen.

Im Spätsommer und Herbst werden die Äpfel gepflückt (Pflückreife). Genussreife heißt, dass die Äpfel essbar sind und gut schmecken. Sie ist je nach Sorte unterschiedlich und geht von August bis zum folgenden Jahr im Juli. Die Äpfel müssen über den Winter sachkundig gelagert werden.

In Deutschland gibt es ca. 16 Millionen Apfelbäume.

Osterschäfchen mit Streuseln

Das wird gebraucht:

750 g Vollkornmehl (Weizen)
⅛ Liter Milch
1 Teelöffel Zucker
1 Würfel Hefe (40 g)

So wird´s gemacht:

das Mehl in eine tiefe Schüssel geben, eine Mulde hineindrücken, Hefe mit Zucker und lauwarmer Milch zu einem dicken Brei verrühren, in die Mulde geben, mit Mehl bestäuben und 15 Minuten zugedeckt gehen lassen

¼ Liter lauwarme Milch
100 g brauner Zucker
100 g weiche Butter
1 Ei
1 unbehandelte Zitrone (abgeriebene Schale und Saft)

diese Zutaten gut verrühren und unter das Mehl mit dem Hefebrei mengen und so lange kneten, bis der Teig glatt ist und sich vom Schüsselrand löst, dann zudecken und nochmals 35-40 Minuten gehen lassen

Streusel:
400 g Mehl
250 g Butter
300 g Zucker

Mehl, Butter und Zucker kräftig durchkneten und zu Krümeln (Streuseln) reiben und beiseite stellen

den Teig bis zu einer Dicke von ½ cm ausrollen, die Schäfchenschablone auflegen und mit einem spitzen Messer ausschneiden, die Schäfchen auf ein eingefettetes Backblech legen, mit dem verquirlten Ei bestreichen und dick mit den Streuseln bestreuen

1 Ei verquirlen

Rosinen

1 Rosine als Auge hineindrücken

Mandeln

1 Mandel als Ohr hineindrücken

Schäfchen bei 200 Grad im vorgeheizten Backofen 20 Minuten backen

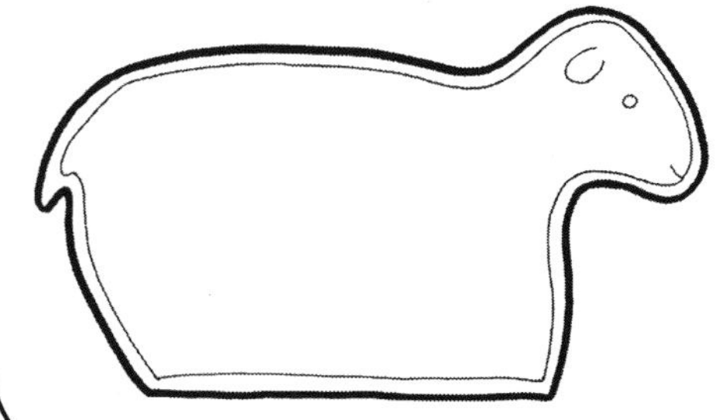

Für die Streusel besonders weißes Mehl verwenden, damit die „Schafswolle" heller ist als der Körper.

Das Osterlamm ist ein Symbol des christlichen Osterfests. Die Juden schlachten an ihrem höchsten Fest, dem Paschafest, ein Lamm. Weil Jesus an diesem Paschafest starb, wird auch er oft als Osterlamm dargestellt. Und weil er den Tod besiegt hat, wird das Lamm häufig mit einer Fahne, der Siegesfahne, abgebildet.

Kleine Osterhasen

Das wird gebraucht:

125 g Mehl
1 Teelöffel Backpulver
125 g Nüsse (gemahlen)
75 g Zucker
1 Vanillezucker
1 Ei
150 g Butter

So wird´s gemacht:

Mehl mit Backpulver und Nüssen vermischen, auf ein Brett geben, eine Mulde hineindrücken, Zucker, Vanillezucker und das Ei hineingeben, ringsherum kommt die in Scheiben geschnittene Butter

den Teig schnell zusammenkneten, zugedeckt 1 Stunde im Kühlschrank ruhen lassen

auf einer bemehlten Fläche den Teig bis zu einer Dicke von ½ cm ausrollen, mit einem Förmchen kleine Osterhasen ausstechen und auf ein eingefettetes Blech legen

im vorgeheizten Backofen auf mittlerer Schiene bei 200 Grad etwa 12-15 Minuten hellgelb backen

Häschen abkühlen lassen, dann mit Puderzucker bestäuben

Wenn du Lust hast, kannst du die eine Hälfte der Hasen mit Puderzucker und die andere Hälfte mit Kakao bestäuben oder sogar einige Hasen braun-weiß gefleckt machen.

Wenn du keine Osterhasenförmchen hast, dann schneide dir doch einfach die unten abgebildete Osterhasenschablone aus und klebe sie auf einen Karton. Auf den Teig legen und mit einem spitzen Messer sorgfältig um die Schablone fahren.
Fertig ist der Hase!

Probiere doch mal deine eigenen Schablonen anzufertigen!

Gebackene Osternestchen

Das wird gebraucht:	So wird´s gemacht:
15 Eier	hart kochen
500 g Mehl 1 Würfel Hefe (40 g) ¼ Liter lauwarme Milch 1 Teelöffel Zucker	Mehl in eine Schüssel geben, eine Mulde hineindrücken, Hefe mit Milch, Zucker und etwas Mehl zu einem dicken Brei verrühren und in die Mulde geben, mit Mehl bestäuben und 15 Minuten gehen lassen
50 g zerlassene Butter 1 Ei 1 Eiweiß 1 Prise Salz	Butter, Ei, Eiweiß und Salz verrühren und so lange mit dem Hefebrei verkneten, bis der Teig glatt ist und sich vom Schüsselrand löst, dann zudecken und 30 Minuten an einem warmen Platz gehen lassen
	aus dem Teig 15 Kugeln formen
	jede Kugel in 2 Stränge (20 cm lang) teilen, die beiden Stränge spiralenförmig umeinander wickeln und zu einem Nestchen formen, auf ein eingefettetes Blech legen
	Nestchen zudecken und 20 Minuten gehen lassen
1 Eigelb	mit Eigelb bestreichen, in die Mitte eines jeden Nestchens ein gekochtes Ei drücken
	bei 200 Grad im vorgeheizten Backofen 20 Minuten backen

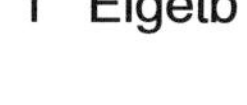

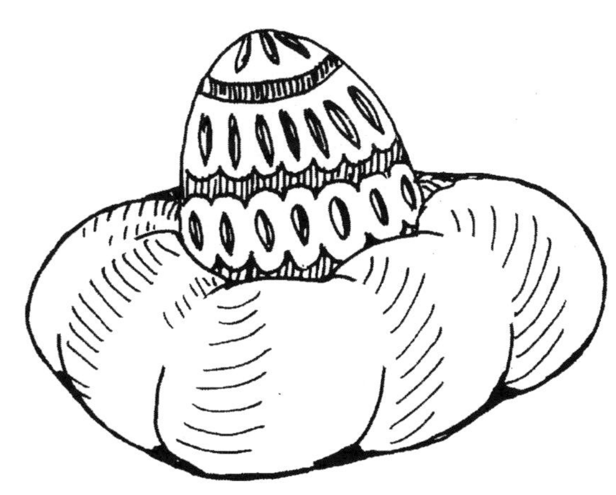

Nach dem Abkühlen der Nestchen können die Eier bunt bemalt werden. Viel Spaß!

Ostereier bemalen ist eine alte Tradition. Besonders schöne und kunstvoll bemalte Ostereier werden in Osteuropa gefertigt.

Apfelsaftkuchen

Das wird gebraucht:	So wird´s gemacht:
175 g weiche Butter	schaumig rühren
100 g Zucker 1 Vanillezucker 4 Eier	Zucker, Vanillezucker und Eier nacheinander dazurühren, bis der Teig cremig ist
250 g Mehl ½ Päckchen Backpulver	Mehl mit dem Backpulver vermischen und langsam unter den Teig rühren
Fett Brotbrösel	Kastenkuchenform einfetten, mit Bröseln ausstreuen, Teig einfüllen
	im vorgeheizten Backofen bei 180 Grad 45 Minuten backen
	Kuchen in der Form lassen, mit einem Holzstäbchen viele Löcher hineinstechen
¼ Liter Apfelsaft ½ Zitrone (Saft)	Apfel- und Zitronensaft erhitzen und dann langsam auf den Kuchen träufeln, damit der Saft gut einziehen kann

Anstelle von Apfelsaft kann man auch frisch gepressten Orangensaft verwenden.

Haferflockenplätzchen

Das wird gebraucht:	So wird´s gemacht:
100 g weiche Butter 30 g Zucker 1 Vanillezucker 75 g Mehl 100 g feine Haferflocken 1 Ei 1 Messerspitze Backpulver	alle Zutaten zusammen verrühren, dann den Teig 1 Stunde kühl stellen
	aus dem Teig walnussgroße Kugeln formen, die Kugeln auf ein mit Backpapier ausgelegtes Backblech setzen
Walnüsse zum Garnieren	Walnusshälften oben hineindrücken
	die Plätzchen im vorgeheizten Backofen bei 180 Grad 20 Minuten backen

Haferflocken kennst du vom Müsli. Gebacken schmecken Haferflocken recht knusprig. Womit haben sie Ähnlichkeit im Geschmack? Halte mal ein Plätzchen über Wasserdampf und beobachte, was dabei passiert. Ist das Plätzchen nach wie vor knusprig?

Flachswickel

Das wird gebraucht:	So wird´s gemacht:
250 g Mehl (Vollkorn) 3-4 Esslöffel Zucker 1 Ei 125 g Butter	Mehl auf ein Brett geben, eine Mulde hineindrücken, Zucker, Ei und Butter dazugeben
20 g Hefe 3-4 Esslöffel Milch (lauwarm) 1-2 Teelöffel Zucker	Hefe mit Milch und Zucker verrühren, in die Teigmulde geben, den Teig durchkneten
	den Teig mindestens 30 Minuten zugedeckt ruhen lassen
	dann eine Teigrolle von 5-6 cm Durchmesser formen
	Scheiben von der Teigrolle schneiden, aus den einzelnen Scheiben Stränge von 10-12 cm Länge formen, die in der Mitte dicker sind, anschließend die Enden wie bei einem Flachswickel umeinander schlingen
Kristall- bzw. Hagelzucker	die obere Seite in den Zucker drücken und auf ein mit Backpapier ausgelegtes Backblech geben
¼ Liter Apfelsaft ½ Zitrone (Saft)	im vorgeheizten Backofen bei 180 Grad hellbraun backen

In früherer Zeit war der Flachsanbau (Lein) bei uns stark verbreitet. Die Flachsfasern wurden gebündelt und die Enden umeinander gewickelt, zum so genannten Flachswickel. Aus den Fasern wurden mit Spinnrocken und Spindel Garne gesponnen, die dann auf Webstühlen zu Tücher verwebt werden konnten.

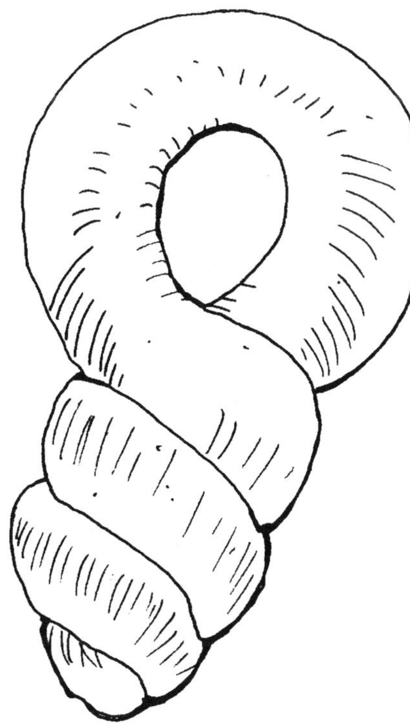

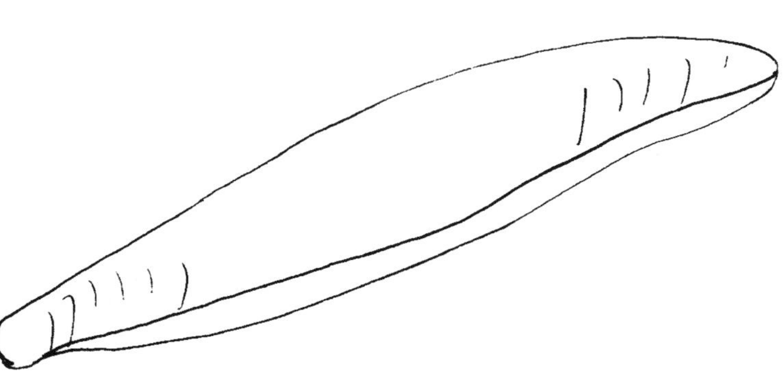

Amerikaner

Das wird gebraucht:

125 g weiche Butter
175 g Zucker
3 Eier

1 Messerspitze Salz
500 g Mehl
¾ Päckchen Backpulver
¼ Liter Milch
1 Teelöffel Rumaroma

300–400 g Kuvertüre

So wird´s gemacht:

Butter und Zucker schaumig rühren, die Eier einzeln unterrühren, bis der Teig cremig ist

zuerst Backpulver mit Mehl vermischen, alle Zutaten langsam in den Eierteig rühren

das Backblech mit Backpapier auslegen, mit einem Esslöffel Teighäufchen darauf setzen, im vorgeheizten Backofen bei 200 Grad 15-18 Minuten backen, dann auskühlen lassen

im Wasserbad Kuvertüre langsam zergehen lassen, Unterseite der Amerikaner damit bestreichen

Walnüsse, Rosinen, Liebesperlen, Schokolinsen können zum Verzieren genommen werden.

Kuvertüre nennt man dunkle Schokolade, die speziell zum Backen verwendet wird. Sie ist sehr fetthaltig. Probiere ein kleines Stück davon.

Gebackene Buchstaben

Das wird gebraucht:

400 g Mehl
75 g Zucker
1 Vanillezucker
2 Eigelb
250 g weiche Butter

1 Eigelb
1 Esslöffel Milch

Kristall- bzw. Hagelzucker

So wird´s gemacht:

alle Zutaten vermischen, zusammenkneten, anschließend den Teig 2 Stunden in den Kühlschrank stellen

auf bemehlter Unterlage dünne Stränge rollen und daraus Buchstaben formen oder den Teig bis zu einer ½ cm Dicke ausrollen und mit einem spitzen Messer Buchstaben ausschneiden

Eigelb und Milch miteinander verquirlen und Buchstaben bestreichen

darauf streuen, dann im vorgeheizten Backofen bei 220 Grad 12-15 Minuten backen

Wenn du die Buchstaben mit dem Messer auschneidest, ist es besser, das Messer immer wieder in Wasser zu tauchen, dann klebt der Teig nicht so an.

Kannst du deinen Namen mit Teigbuchstaben auslegen? Welche Buchstaben sind leicht zu formen und welche schwer? Auf was musst du besonders achten? Was gelingt dir am besten?

Um 1 Kilogramm Butter herstellen zu können, braucht man 20-30 Liter Frischmilch.

Gefüllte Halbmonde

Das wird gebraucht:	**So wird´s gemacht:**
250 g Mehl 1 Messerspitze Backpulver 1 Esslöffel Zucker 1 Ei 1 Vanillezucker 150 g Butter	Mehl auf ein Backbrett geben, mit Backpulver vermischen, Mulde hineindrücken, Zucker, Vanillezucker und Ei in die Mulde geben, Butter ringsherum verteilen und alles zusammenkneten, Teig 30 Minuten im Kühlschrank ruhen lassen
	Teig dünn ausrollen, runde Plätzchen ausstechen
feste Marmelade	in die Mitte des Plätzchens etwas Marmelade geben, dann zu Halbmonden zusammenklappen und fest andrücken
1 Eigelb 1 Esslöffel Milch	miteinander verquirlen und Plätzchen damit bestreichen, anschließend die Plätzchen auf ein mit Backpapier ausgelegtes Blech legen
	im vorgeheizten Backofen bei 225 Grad 15 Minuten backen

Die Ränder der Plätzchen musst du kräftig andrücken, damit die Marmelade, die bei der Hitze im Ofen sehr flüssig wird, nicht herausläuft.

Je dünner der Teig ist, umso besser musst du aufpassen, dass die Plätzchen nicht zu schnell dunkel werden.

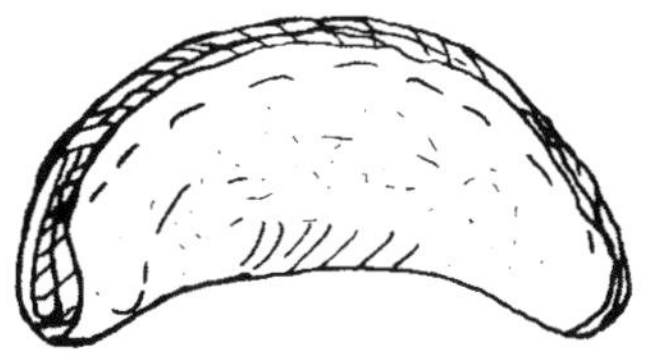

Marzipankartoffeln

Das wird gebraucht:	**So wird´s gemacht:**
100 g Puderzucker	fein sieben
200 g Marzipan-Rohmasse	mit dem Puderzucker verkneten
	einen Strang formen, gleichmäßige Stücke abschneiden, aus den Stücken Kugeln formen
20 g Kakao	Kakao fein sieben, in eine Tüte geben, die Kugeln (Kartoffeln) einzeln hineingeben und die Tüte schütteln

Puderzucker heißt auch Staubzucker und ist wesentlich feiner als Haushaltszucker.
Probiere etwas vom Puder- und Haushaltszucker. Schmeckst du den Unterschied?

Weihnachtsbrezeln

Das wird gebraucht:	So wird´s gemacht:
300 g Mehl 100 g Haselnüsse (gemahlen) 1 Messerspitze Backpulver	alle Zutaten miteinander vermischen, auf das Backbrett geben, eine Mulde hineindrücken
1 Vanillezucker 75 g Zucker 1 Ei 200 g Butter	zuerst den Zucker, dann das Ei und die in Scheiben geschnittene Butter in die Mulde geben, alles zusammenkneten, den Teig zugedeckt mindestens 2 Stunden oder über Nacht im Kühlschrank ruhen lassen
	aus dem Teig Stränge von etwa 12 cm Länge formen, daraus kleine Brezeln bilden, auf ein eingefettetes Backblech legen
1 Eigelb 1 Teelöffel Dosenmilch	miteinander verquirlen und die Brezeln bestreichen
	15 Minuten im vorgeheizten Backofen bei 200 Grad backen

Du kannst einige Brezeln mit einem Bändchen versehen, an den Weihnachtsbaum hängen oder aber auch ein Geschenkpäckchen damit dekorieren.

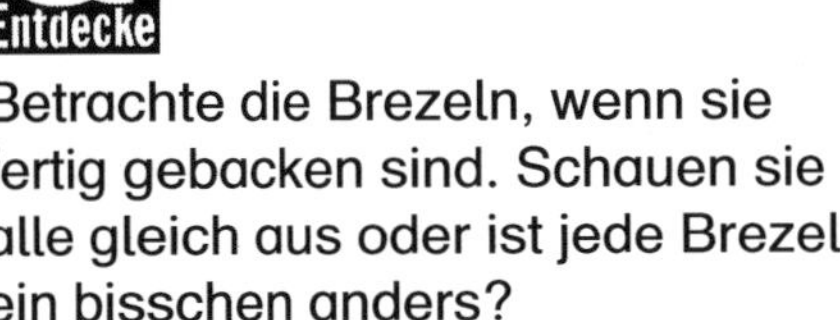

Betrachte die Brezeln, wenn sie fertig gebacken sind. Schauen sie alle gleich aus oder ist jede Brezel ein bisschen anders?
Warum ist das so?

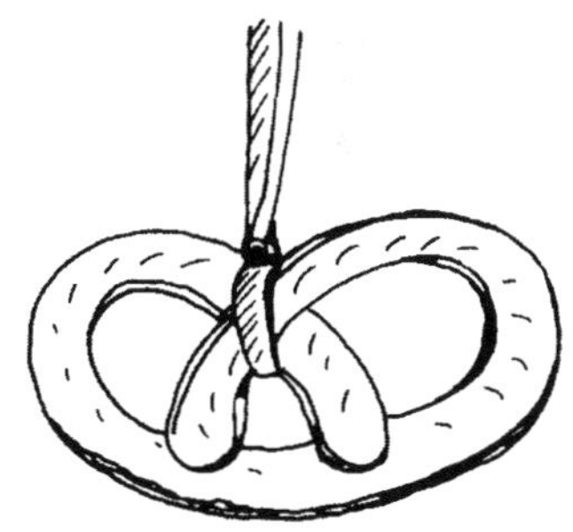

Schokoladenplätzchen

Das wird gebraucht:	So wird´s gemacht:
100 g Butter 100 g Schokolade	Zutaten im heißen Wasserbad zergehen lassen
50 g Zucker 1 Ei	beides so lange rühren, bis der Zucker aufgelöst ist, mit der Schokoladenmasse verrühren
1 Zitrone (unbehandelt) 200 g Mehl 1 Teelöffel Backpulver	abgeriebene Zitronenschale mit dem Mehl und Backpulver vermischen, alles zusammen in den Schokoladenteig rühren, dann den Teig 2 Stunden im Kühlschrank ruhen lassen
	auf einer bemehlten Unterlage den Teig bis zu einer ½ cm Dicke ausrollen, runde Plätzchen ausstechen, auf Backpapier legen und im vorgeheizten Backofen bei 180 Grad 12-15 Minuten backen
	auskühlen lassen

Bei diesem Rezept kannst du auch Weihnachtsmänner oder Osterhasen aus Schokolade auflösen und gut verwerten.

Wie ist der Teig, wenn du ihn nach zwei Stunden aus dem Kühlschrank nimmst? Wie war die Teigfestigkeit, bevor du ihn in den Kühlschrank gestellt hast?

Reime, die Kinder beim Kochen gerne mitsprechen

Im Fasching trink ich Läusesaft mit Kaba
und ess dazu zehn Mäusemedaillons,
ich back mir eine Königin aus Saba,
und koch mir einen Brei aus Luftballons.

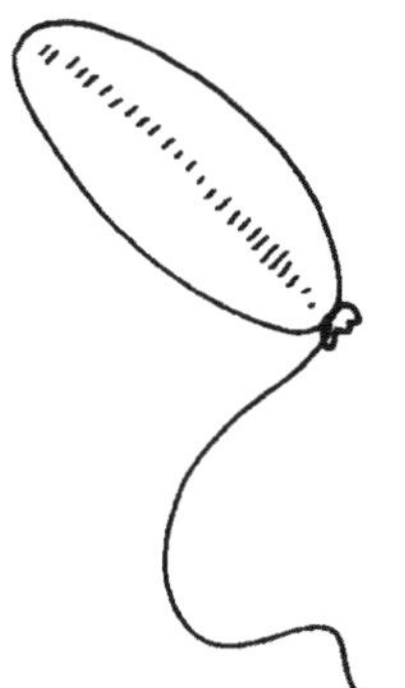

Schnicke, schnacke, schnucke, schnecken,
heute gibt es Schnickelschnecken.

Nudelsoße, Nudelsoße,
klecker nicht auf deine Hose!

In München am Bahnhof, da träumt eine Maus
von Schinken und Käse im Lebkuchenhaus.

Hackfleischbällchen, Hackfleischbällchen sind mein Leibgericht,
Leckereres als Hackfleischbällchen kenn ich bis jetzt nicht.

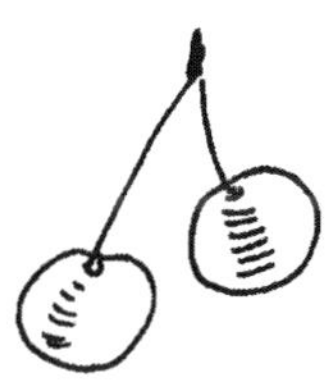

Sandra möchte Suppe kochen.
Was kommt in den Topf hinein?
Nudeln, Erbsen, Rinderknochen.
Hmm, wie schmeckt die Suppe fein!

Sommerzeit! Kirschenzeit!
Kirschen hol ich mir vom Baum.
Kirschenkerne spuck ich weit,
bis zum Nachbarzaun.

Knete, knet den Hefeteig,
knet ihn durch, er ist schön weich,
daraus mach ich feinen Kuchen,
möchtest du ihn gern versuchen?

Schrubbe, schrubbe, schrubbe, schropf,
die Kartoffeln in den Topf,
alle sind jetzt sauber frisch,
kommen nachher auf den Tisch.

Ich rolle rolle, rolle, rolle eine Schlange,
vor dir, du Schlange, ist mir überhaupt nicht bange,
du bist aus allerfeinstem Teig mit Zimt und Nuss
und nach dem Backen ess ich dich mit Hochgenuss.

Komm heraus! Komm heraus!
Komm aus deinem Pflaumenhaus!
(Variationen mit Kirschen-, Pfirsich, Apfel-, Birnen-, Aprikosenhaus sind auch sehr lustig.)

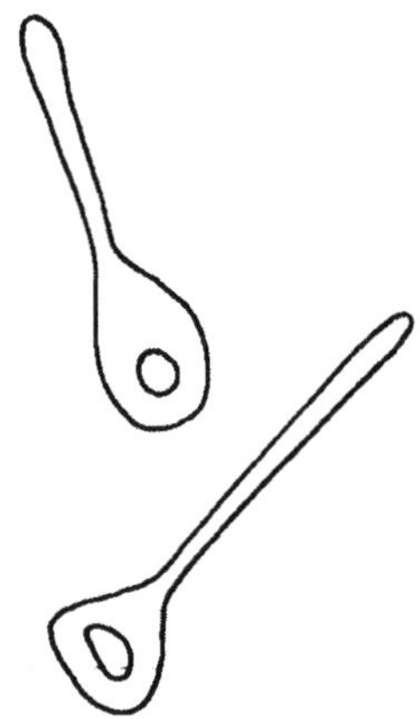

Rührlöffel kreisen, Rührlöffel kreisen,
rühren die süßen und salzigen Speisen.

Rühre die Kartoffelsuppe immerzu im Kreis,
pass gut auf, dass sie nicht spritzt,
denn sie ist sehr heiß.

Schibb schabb,
schibb schabb,
schibb schabb,
viele Möhren schab ich ab.

Heute hab ich Geburtstag,
da gibt´s Waffeln knusprig frisch,
viele Gäste sind geladen, setzen sich zu Tisch.

Schnipp schnapp,
schnipp schnapp,
schnipp schnapp,
viele Stücke schneid ich ab.

Eins, zwei, drei, vier, fünf, sechs, sieben,
du und ich, wir schneiden Rüben,
schneiden Kohl, Kartoffeln, Lauch.
Pass gut auf! Das kannst du auch!

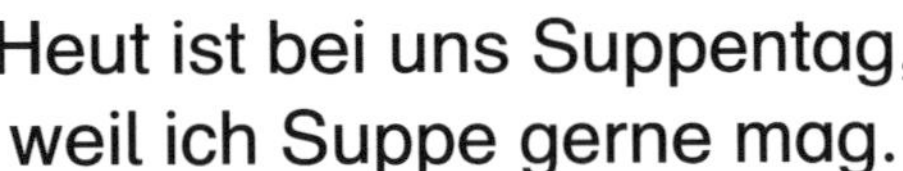

Heut ist bei uns Suppentag,
weil ich Suppe gerne mag.

Klößchen formen, Klößchen formen,
viele runde Klößchen formen,
Klößchen schmecken gut.

Plätzchen woll´n wir heute backen:
Kekse, Kringel, Herzen, Sterne,
die mag ich besonders gerne.

Apfelstrudel, Apfelstrudel,
warum nicht mal Apfelnudel?

Pfannenkuchen, Pfannenkuchen,
schau mal her, du kannst es seh´n,
wie ich sie geschickt umwende,
eins, zwei drei, im Handumdreh´n.

Oh, wie sind die Brötchen lecker,
auch kein Wunder, denn ich war der Bäcker,
hab den Teig geknetet, formte Brötchen rund,
knusprig dann gebacken. Gut sind sie und auch gesund!

Papa möchte Brot mit Wurst,
Mama etwas gegen Durst
ich mag ein gekochtes Ei
und die Anna Haferbrei.

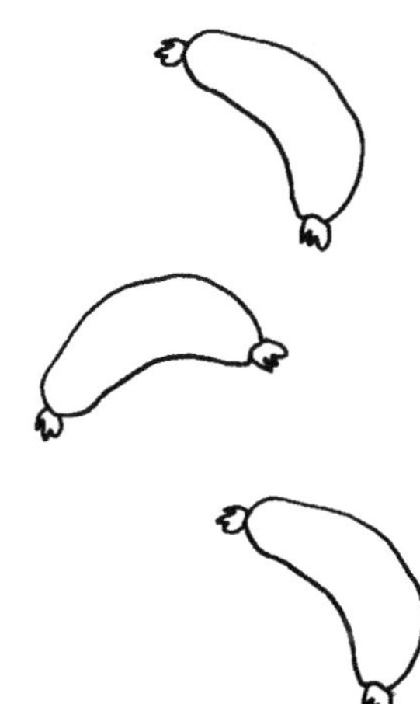

Himbeeren, Himbeeren
wachsen im Wald,
Himbeeren, Himbeeren,
reifen nun bald.

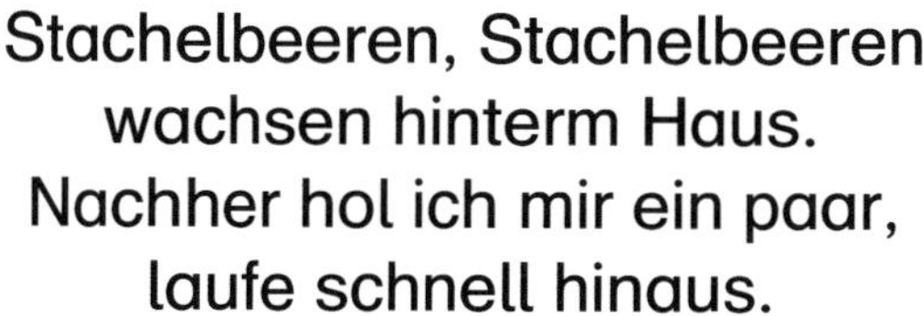

Stachelbeeren, Stachelbeeren
wachsen hinterm Haus.
Nachher hol ich mir ein paar,
laufe schnell hinaus.

Wir schneiden mit dem Messer,
von Tag zu Tag geht´s besser:
Äpfel, Birnen, Mandarinen,
auch die Feigen und Rosinen,
die Bananen nicht vergessen,
wer will heute mit uns essen?

Das Eiweiß schlage ich zu Schnee,
ganz fest und weiß, juchhe!

Eins, zwei, drei und eins, zwei, drei,
knack die Nüsse, knack entzwei,
pule sie dann aus der Schale,
heut zum x-ten, x-ten Male.

Alphabetisches Rezepteverzeichnis